SUITE

DES

MÉMOIRES

POUR SERVIR

A L'HISTOIRE
ET A L'ÉTABLISSEMENT

DU

MAGNÉTISME ANIMAL.

SECONDE ÉDITION.

Spiritus intus alit; totamque infusa per artus
Mens agitat molem, et magno se corpore miscet.
Virg. Enéid. Liv. VI.

DE L'IMPRIMERIE DE CELLOT

A PARIS,

Chez { L'Auteur, rue Saint-Honoré, n°. 390;
{ Cellot, rue des Grands-Augustins, n°. 9.

1809.

AVANT-PROPOS.

En physique, un fait prouve plus que tous les raisonnemens possibles; c'est là, je pense, un axiome que personne ne peut contredire. Les effets produits par le *magnétisme animal* sont physiques : ce n'est donc que par la multiplicité des faits et des *expériences* répétées, toujours avec le même succès, qu'on peut prétendre convaincre le public de l'existence de l'*agent* qu'on lui annonce.

La plus séduisante *théorie* sur le magnétisme animal, si elle n'est pas appuyée de faits qui en constatent la vérité, ne sera reçue qu'avec indifférence, ou sera regardée comme un système nouveau, contre lequel on se tiendra toujours en garde : car à des raisonnemens on peut toujours opposer des raisonnemens, et l'indécision est, pour l'ordinaire, la suite des combats d'opinions. Mais qu'opposer à des faits qui, s'ils ont été constatés avec soin, peuvent se reproduire à chaque instant? La prévention a beau les nier d'abord, il faut que tôt ou tard elle cède à l'évidence. La vérité ne peut perdre ses droits, et la confusion est toujours le partage de ceux qui, par mauvaise foi, ne la veulent pas reconnoître.

La pratique du magnétisme animal est bien nouvelle; nous n'avons jusqu'à présent qu'une petite quantité de faits qui en constatent l'utilité. Que notre but soit donc de multiplier ces faits; que le public, avant de recevoir une théorie du magnétisme, apprenne que de tous côtés les mêmes phénomènes se présentent; que ce n'est pas seulement quelques individus privilégiés qui opèrent, mais que tous les hommes, de quelqu'état et condition qu'ils soient, sont plus ou moins capables de les opérer, par la seule raison qu'ils ont tous les mêmes liaisons avec la nature, et les mêmes droits au maintien de leur existence.

Une chose bien importante encore pour faciliter la croyance universelle, seroit de mettre la plus grande uniformité dans nos opérations; car alors elle auroit aussi lieu dans nos résultats. Nous sommes bien loin de cet accord si nécessaire et si désirable. Il est pourtant vrai qu'il n'y a qu'une manière de faire le mieux possible; peut-être, au reste, ne l'avons-nous pas encore découverte : je suis tenté de le croire, et c'est ce qui me fait appuyer davantage sur la nécessité d'accumuler des faits, avant que d'entreprendre d'établir une théorie définitive.

Depuis l'impression de mes premiers *Mémoires* sur le magnétisme animal, j'ai vu, par les nouvelles cures que j'ai en la satisfaction d'opérer, combien j'étois loin alors des connoissances que j'ai acquises depuis.

Plus je vais en avant, plus j'aperçois mes fautes premières, et plus je me persuade qu'il y a beaucoup à acquérir encore.

Je suivrai, au reste, dans ces *nouveaux Mémoires*, la marche que j'ai déjà tenue : quand je dirai que je crois que telle chose existe, ou que tel effet se produit par tel moyen, je n'affirmerai pas qu'il ne puisse se reproduire par d'autres procédés ; et me contentant simplement de narrer les faits tels qu'ils se sont passés chez moi, je rendrai compte des procédés que j'ai employés pour les obtenir.

De la comparaison des résultats produits par différens *magnétiseurs*, doit s'établir nécessairement la meilleure pratique des procédés; et c'est en nous rendant compte, les uns aux autres, de nos différentes cures magnétiques, que nous parviendrons peu à peu à pouvoir former des matériaux solides pour l'établissement d'une doctrine réelle de *magnétisme animal*.

Beaucoup de personnes, convaincues de l'existence du magnétisme animal, après avoir lu mes premiers Mémoires, ont prétendu que je n'avois pas assez expliqué les moyens que j'employois pour procurer aux malades le *somnambulisme magnétique* : cela peut être; n'écrivant pas pour le public, j'ai dû croire être entendu à demi-mot par les *magnétiseurs*.

En présentant d'ailleurs *la volonté* comme le principe *moteur* du magnétisme, il falloit plus de faits encore que je n'en avois, pour oser me livrer à la démonstration de cette vérité.

La connoissance de l'*agent magnétique* étoit sans contredit le premier pas à faire ; ce n'étoit que par ses effets qu'on pouvoit la prendre, puisque cet agent, par sa nature, n'est ni visible ni palpable à aucun de nos sens.

Mais une fois cet agent reconnu, il est plus facile d'entrer dans tous les détails des moyens à prendre pour le mettre en jeu. Je ne prétends écrire au reste que pour les *magnétiseurs*. Aujourd'hui que les faits ont été multipliés ; que, dans plusieurs traitemens magnétiques, il s'est rencontré les mêmes phénomènes qu'à *Buzancy*, même état magnétique, même *somnambulisme*, même *pressensation* dans les maladies, etc. ; aujourd'hui, dis-je, que je ne puis penser qu'on doute encore de l'existence d'un moyen quelconque, produisant ces effets singuliers, je pourrai mettre plus de clarté dans mes explications : mon seul désir est de voir tous les partisans du magnétisme animal, aussi persuadés que je le suis, de l'existence et des effets utiles de cet agent.

Je sens très-bien en même temps, par mon expérience propre, que l'on ne peut acquérir cette conviction intime que par des succès. Je serois donc trop heureux, si, par tous les éclaircissemens dont je suis capable, je parvenois à donner à chacun d'eux la confiance qu'ils doivent prendre dans leurs moyens : ce seroit un grand pas de fait ; car une fois persuadé de son pouvoir pour produire un *effet quelconque*, il n'est plus question que de vouloir l'employer ; chose très-facile assurément, et que chacun sera libre d'exercer dans tous les temps.

Afin de faire des applications plus précises et plus justes, aux différens genres de maladie que j'ai eu à traiter, je commencerai d'abord par le récit historique des cures opérées par le passage du *somnambulisme*, et je les ferai suivre des réflexions que les différentes particularités de la maladie me dicteront.

Cette marche, en ôtant la monotonie de la lecture, me facilitera les moyens de ne rien omettre de tout ce que je croirai utile au développement des procédés que j'emploie.

SUITE

DES

MÉMOIRES

Pour servir à l'Histoire et à l'Établissement

DU MAGNÉTISME ANIMAL.

On a trop entendu parler des phénomènes que présentoit à Paris, l'hiver dernier, le *somnambulisme* de la nommée *Madeleine*, et l'opinion que l'on a prise de l'état singulier de cette fille, a été trop erronée, pour pouvoir me dispenser de donner quelques détails des faits dont tant de personnes ont été témoins.

Mon récit pourra bien ne pas satisfaire le public prévenu ; mais, encore une fois, je ne prétends en aucune manière le convaincre : mon seul but est de m'entretenir avec les personnes aussi convaincues que moi de l'existence et des propriétés du *magnétisme animal.*

Madeleine avoit à Buzancy, l'automne dernier, suivi le traitement *magnétique* pendant trois semaines : comme je n'avois pas vu alors s'opérer en elle de changement avantageux, désespérant de la pouvoir guérir, je l'avois renvoyée dans son pays.

J'étois loin d'imaginer que quatre mois après cette fille serviroit à des expériences ostensibles à Paris, puisque, de tous les malades cités dans mes Mémoires, c'étoit sans contredit celle qui présentoit les phénomènes les moins satisfaisans : point de sensations distinctes sur son état, aucune pressensation, n'entendant rien aux maladies des autres, et une intelligence très-bornée dans ses crises ; mais considérée comme *aimant animal*, il étoit impossible d'en voir un plus parfait.

Après avoir donc fait part à quelques-uns de mes amis des différens évènemens arrivés à mon traitement de *Buzancy*, plusieurs désirant voir quelques effets analogues à ceux que je citois, je me déterminai à faire venir cette fille, à laquelle, sans cela, je n'eusse probablement plus songé.

Mon projet étoit qu'ils fussent seuls spectateurs de mes expériences ; prévoyant bien que, malgré l'opinion que je pouvois me flatter de mériter, l'espèce de merveilleux que présentent les *crises magnétiques*, effaroucheroit plus les esprits qu'il ne les disposeroit à la croyance.

Malheureusement on sut que M. *Saeffer* (médecin) étoit venu chez moi , et qu'il convenoit avoir vu un fait extraordinaire dont il ne pouvoit douter.

Bientôt M. le bailli de *Suffren* répandit le même bruit de sa croyance.

Deux autorités aussi fortes venant à se répandre dans le monde , quantité de personnes voulurent être aussi témoins des mêmes phénomènes. Je me refusai d'abord à toutes les demandes qui me furent faites ; mais enfin , obligé de céder , je me vis forcé d'ouvrir ma porte : ma maison devint bientôt un lieu public , où l'on arrivoit avec les dispositions qu'on eût apportées chez un joueur de gobelets ; car la plupart , j'ose le dire , apportoient chez moi plus de dispositions à douter de tout ce qu'ils verroient , qu'ils n'en apportoient à examiner avec soin la *cause* de l'effet singulier qui leur étoit annoncé.

Bientôt il se répandit dans Paris que je prétendois faire deviner à Madeleine la pensée de chacun (1) : c'étoit là du moins l'interprétation erronée qu'on donnoit légèrement à la *mobilité magnétique* de cette fille. Cette supposition absurde passant de bouche en bouche, on vint chez moi avec des doutes plus fondés ; et tout le temps se passoit à chercher plutôt les moyens de faire tomber *la somnambule* en défaut, que de jouir de bonne foi de la singularité de sa position.

Les premiers témoins de mes expériences croyoient, d'après ma parole d'honneur, que *Madeleine* n'y voyoit pas, ou que, si elle y voyoit, ce n'étoit que *comme voient les som- nambules :* ce qui n'est pas plus concevable. Sur la fin on trancha le *mot*, on dit qu'elle *y voyoit.* Je mis un bandeau sur ses yeux ; on prétendit qu'elle voyoit par-dessus le ban- deau.

Enfin, il arriva ce que j'avois très-bien pres- senti ; c'est que l'opinion des mécréans l'em- porta sur le petit nombre de gens qui, croyant à ma probité, croyoient au *somnambulisme* de Madeleine. Les journaux s'égayèrent.

Un d'eux rapporta une *expérience* faite, disoit-il, par une *dame* de haute considéra- tion, et pleine de lumières, qui confondit la *somnambule* (et apparemment moi aussi, chez qui cela se passoit).

L'histoire rapportée ne m'est pas connue, mais cependant peut fort bien être arrivée. Je crois autant que la dame en question n'a pas réussi dans son expérience, que le journaliste à qui elle a fait part de ses conclusions.

Si, au lieu de la multitude, je n'eusse reçu chez moi, comme je le désirois, qu'une certaine quantité de gens disposés à examiner, sans prévention, les effets que je leur annonçois ; si, conduits par eux, il étoit venu peu à peu quelques médecins, puis un petit nombre de gens éclairés, à qui j'eusse pu faire observer pendant huit ou quinze jours de suite les mêmes phénomènes, à qui j'eusse pu indiquer les moyens de les produire eux-mêmes, soit en mettant *Madeleine* dans l'état de *somnambulisme*, soit en l'en retirant, soit en nous servant ensemble de différens moyens de *renforcemens*, à l'aide *du verre, de l'aimant, de la réflexion des glaces, etc.* qui, par leurs effets secondaires, présentent des caractères d'évidence plus frappans encore que ceux du simple *somnambulisme magnétique :* alors il s'en fût suivi une conviction raisonnée dans tous les esprits. Les personnes simplement curieuses, arrivant ensuite, persuadées de l'existence réelle des *effets magnétiques,* n'eussent plus contredit, contrarié toutes les données, et le *magnétisme animal* eût pris dès lors tout l'empire qu'il faudra toujours finir par lui donner.

Quoique les choses n'aient point eu alors le cours que je m'en étois promis, le sort du *magnétisme animal* n'en est pas moins assuré. Une vérité est toujours une vérité, et tôt ou tard son flambeau perce les nuages de l'erreur, de l'ignorance, ou de l'envie. Si la science du *magnétisme animal* n'étoit qu'un système, je sentirois toute mon insuffisance à le faire adopter. Un système n'est souvent que le fruit d'une imagination exaltée, dont le succès ne tient qu'au plus ou moins d'éloquence de son auteur : mais ici c'est une pratique à la portée des hommes les plus bornés ; TOUS ont la puissance de l'exercer, *par cela seul qu'ils sont hommes.*

Il en est heureusement déjà plusieurs qui, ayant le courage de braver le ridicule momentané que l'on jette sur le *magnétisme animal,* s'en servent avec succès pour soulager leurs semblables. Peu à peu il s'en trouvera d'autres qui marcheront sur leurs traces. La conviction générale n'est pas près de s'étendre, je le sais bien ; peut-être est-ce l'affaire de plus d'un siècle : mais enfin, la doctrine du *magnétisme animal,* ce secret *si simple* et *si merveilleux* ne peut plus à présent se perdre ; il est entre les mains de trop de gens désintéressés , pour que le *charlatanisme* puisse jamais venir en altérer la pureté , et par-là le faire bannir de la société.

Quant à *Madeleine* , pour se faire une juste idée de l'effet singulier que le *magnétisme animal* produisoit en elle , il faut se rappeler ce que j'ai déjà dit de l'état complet de *somnambulisme magnétique* (*). Le malade , dans cet état , entre dans un *rapport si intime avec son magnétiseur,* qu'on pourroit presque dire qu'il en fait partie. Lors donc que , par la *simple volonté ,* l'on parvient à faire mouvoir un *être magnétique ,* il ne se passe alors rien de plus étonnant que dans l'opération ordinaire de nos gestes. Je veux prendre un papier sur une table , j'ordonne à mon bras et à ma main de le prendre. Comme le rapport est des plus intimes entre mon principe moteur qui est *ma volonté,* et ma main, l'effet de *ma volonté* se manifeste d'une manière si momentanée, que je n'ai pas besoin de réflexion pour l'opérer. On a beau dire qu'un tel effet est machinal , cette expres-

____

(*) *Voyez* la note 6 , page 206 de mes premiers Mémoires.

B

sion est vide de sens : qu'on réfléchisse un moment, et l'on verra que la marche ordinaire,
pour nous déterminer à un mouvement quelconque, est de penser d'abord à la chose que
nous voulons faire ou saisir ; ensuite de *vouloir*
l'exécuter ou nous en emparer ; et en troisième
lieu, d'agir en conséquence de cette *volonté*.

Si nous ne faisions usage de nos facultés
que pour satisfaire uniquement nos besoins
physiques, ne différant point en cela de tous
les animaux, il faudroit ne reconnoître en
nous que le même instinct qui les gouverne ;
alors nous aurions raison d'appeler *machinales*
toutes nos actions : mais à combien d'objets se
porte la pensée de l'homme ! La satisfaction de
ses besoins proprement dits physiques est,
pour ainsi dire, la moindre de ses occupations :
car je ne considère pas comme besoin le désir
de s'enrichir, d'obtenir des grâces, de briller
ou de s'illustrer parmi ses contemporains.
Toutes ces affections nous font différer, par
leur essence, de la nature uniforme et asservie
des brutes, puisqu'elles tendent à la satisfaction de notre orgueil, de notre ambition, et
enfin de toutes les passions inséparables de l'espèce humaine, et qui certes n'existent pas
dans les animaux.

Si donc nous apercevons en nous des principes très-différens du reste des êtres vivans ; si dans mille occasions nous distinguons en nous ce passage si bien fait pour nous enorgueillir, de la *pensée*, puis de la *volonté*, et enfin de l'action qu'elle détermine, nous devons par gradation descendre jusqu'aux moindres de nos mouvemens, et reconnoître que, dans toute action hors de nous, ces trois opérations se manifestent d'une manière très-distincte. Un emploi dans l'armée, par exemple, me feroit plaisir à obtenir ; je pourrois y servir le roi d'une manière convenable à mon zèle et à mon ambition : je pense à cet emploi, et me nourris de l'idée de l'obtenir. Aussitôt je me détermine à partir pour le solliciter, et enfin je pars : certainement, dans cet exemple, il est aisé d'apercevoir le passage de la *pensée à la volonté*, et de la *volonté à l'action qu'elle détermine*.

Je distingue en moi le même passage dans l'action la plus ordinaire et la plus commune : je vois un livre sur une table ; aussitôt *ma pensée* s'en occupe, *ma volonté* est ensuite de le prendre, et aussitôt je m'en saisis. Ces trois opérations, il est vrai, sont si instantanées, qu'il faut un peu de réflexion pour apprendre à les distinguer ; mais elles n'existent pas moins dans l'action de prendre ce livre, que dans l'exemple précédent.

Si par hasard je me fusse trouvé sur les lieux où le poste que j'eusse désiré d'occuper se fût trouvé vacant ; si j'eusse pu m'en emparer sur-le-champ, je l'eusse fait certainement. *Pensée, volonté, action*, n'eussent plus alors fait en moi qu'un seul sentiment, comme de prendre un livre. On ne peut nier cependant que ce passage n'eût bien certainement existé en moi (2).

Après cet épisode, beaucoup trop long peut-être pour le sujet principal qui l'a fait naître, revenons à *Madeleine*, et nous verrons que ce *phénomène*, si *extraordinaire*, de la faire obéir d'après la *volonté ; ce tour de force* si surprenant, si *incroyable*, mais pourtant très-simple et très-vrai, n'a rien de plus merveilleux que l'opération particulière de notre volonté sur nous-mêmes.

Il est vrai que pour comprendre, ou du moins pour croire à la réalité d'un tel fait, il faut l'avoir vu, en avoir été témoin plusieurs fois, et l'avoir répété même avec succès : aucun raisonnement ne peut le persuader sans l'aide de l'expérience ; mais cette difficulté ne détruit en rien son existence.

Quel est l'académicien, quelque savant qu'il puisse être, qui, par les seules ressources de ses lumières et de son esprit, par toute la clarté de sa logique, oseroit se flatter de pouvoir persuader à des êtres pensans et se croyant un peu instruits, mais sans aucune notion de l'électricité, qu'il est un moyen tout simple de donner une commotion à cent mille personnes à la fois ? Assurément M. l'académicien passeroit pour un fou, on lui riroit au nez, on le persiffleroit même ; ce qui est bien pis.

Ce qu'il auroit annoncé n'en seroit pas moins vrai pourtant. Venez, diroit-il à tout le monde, venez vous mettre à la chaîne, vous éprouverez par vous-mêmes ce que je vous annonce. *Bon !* lui répondroit-on, *nous avons un peu trop d'esprit et de science pour aller nous amuser à essayer une chose que nous avons jugée impossible ; c'est déjà preuve de foiblesse que d'essayer à sentir un effet qu'on doit croire imaginaire.*

L'académicien ne pouvant trouver, dans la classe instruite, des témoins non récusables de ses expériences, se verroit contraint à compléter sa *chaîne* de gens simples et de bonne foi, ou de quelques-uns de ses amis en fort petit nombre. Ceux-là ne pourroient alors s'empêcher de crier très-haut qu'ils ont ressenti la commotion annoncée . . . . . *Quel aveugle pouvoir a l'imagination ! s'écrieroient , comme par échos , toutes les* FACULTÉS SAVANTES : *ces gens-là croient de bonne foi ressentir quelque chose ; nous sommes cependant très-sûrs qu'il n'y a rien du tout. Nous avons été témoins de cette fameuse chaîne , et nous n'avons rien vu ; nous avons parlé à l'inventeur, cet homme ne nous a pas satisfaits , ses raisonnemens ne prouvent rien.* Un homme de bon sens , et non prévenu , leur diroit peut-être alors : Mais, Messieurs , pourquoi n'avez-vous pas voulu essayer vous-mêmes? que ne vous mettiez-vous en chaîne? *Non pas ,* auroient-ils reparti ; *ne savons - nous pas bien qu'on n'est pas le maître de son imagination? Nous n'aurions qu'à nous imaginer ressentir aussi cette fameuse commotion ! Que conclure de-là? Il n'y a rien ; donc tout ce que l'on y ressent n'est qu'imaginaire.*

Voilà , à peu de chose près , un précis des argumens les plus forts que Messieurs les physiciens d'autrefois ont sûrement dû faire contre l'électricité ; car il falloit en appeler aux sensations à l'égard de ce phénomène , comme aujourd'hui à l'égard du magnétisme animal ; et une fois convaincu, il falloit avouer qu'on apprenoit quelque *chose de nouveau*. Triste nécessité, j'en conviens, pour la vanité de certaines gens ; mais aussi à quoi bon avoir de la vanité ? Elle ne peut servir qu'à se préparer des humiliations. La preuve s'en présente dans la circonstance actuelle ; car enfin, de deux choses l'une, ou les *commissaires*, *académiciens* et *autres*, avoueront aujourd'hui qu'ils se sont trompés totalement dans le jugement qu'ils ont porté sur le *magnétisme animal*, dont ils se trouvent enfin forcés de reconnoître l'existence, et donneront à la postérité la preuve la plus convaincante de la prévention qui a dicté leur premier rapport ; ou bien, en se refusant avec la même insouciance au moyen de se convaincre de cette importante vérité, en négligeant de la recueillir, ils se dévoueront nécessairement à l'improbation future, et laisseront, de leurs connoissances en physique, l'idée la plus désavantageuse.

Ils ne se fussent certainement point exposés à une alternative aussi embarrassante, s'ils eussent modestement réfléchi que, quelque savant qu'on puisse être, il reste toujours aux hommes des lumières à acquérir.

Les sociétés savantes s'occupent cependant aujourd'hui avec ardeur à des recherches sur l'électricité et sur l'aimant : témoin l'académie de Munich , qui vient de couronner dernièrement un mémoire satisfaisant sur l'analogie qui existe entre ces deux effets de la nature. Ce premier pas , assurément , n'étoit pas difficile à faire dans la circonstance présente ; mais enfin , comme nouveauté académique , il étoit tout simple de décerner une couronne à son auteur.

Ce nouveau jour, au reste , sur l'électricité , n'a point encore éclairé les académies sur la cause première de ce phénomène ; peut-être un jour les nouvelles lumières que la pratique multipliée du *magnétisme animal* pourra donner , achèveront-elles de débrouiller leurs idées sur cette importante matière : en attendant , moi , qui ne suis ni savant ni associé à une compagnie savante , je continuerai de hasarder mes idées sur les causes de l'électricité et de l'aimant : aussi , si par hasard je me trompe , si quelqu'un vient par la suite à me le prouver , je ne serois point du tout humilié d'en convenir ; mais jusque-là , je considérerai l'*électricité* , le *magnétisme minéral* , et le *magnétisme animal* , non comme l'effet d'une circulation de fluide , mais comme un effet très-simple de mouvement. Puisse cet aperçu servir de canevas à l'éloquence de quelqu'autre académicien , et lui valoir encore une seconde couronne , pour prix de la nouveauté dont il enrichira *son corps !*

Si l'on convient généralement que ce n'est que par les effets en physique que l'on peut parvenir à s'éclairer sur les causes , pourquoi , lorsque l'on aperçoit des effets analogues , ne pas être tenté de leur supposer la même cause ? Or voici , suivant moi , plusieurs effets qui ont une analogie bien marquée. Après avoir placé vingt-cinq billes à la suite les unes des autres , si je frappe la première , aussitôt je vois la dernière s'échapper ; ce qui me persuade que le mouvement que j'ai communiqué , s'est continué d'une manière instantanée dans toute la chaîne formée par mes billes.

Avec une machine électrique , je vois , après le plus petit mouvement de rotation donné au plateau , un effet quelconque se propager jusqu'à l'extrémité de toute espèce de conducteurs isolés , de telle étendue qu'ils puissent être ; alors je me dis : Ceci est encore un mouvement.

Avec un marteau je frappe une barre d'acier

à l'un de ses bouts ; aussitôt il se manifeste un effet quelconque au bout opposé ; et la barre devient aimantée. Donc, dis-je encore, ceci est un effet du mouvement.

Lorsque je *magnétise* un malade, je produis en lui un effet qui s'empare de toutes ses facultés physiques, et se propage jusqu'aux extrémités de son corps. Je vois encore dans ceci un effet du mouvement.

La *cristallisation*, la *végétation*, l'*animalisation*, ne me présentent pas plus de difficulté à expliquer ; dans toute la nature enfin, je ne vois que des effets de mouvement, les uns subits, comme dans l'électricité, le magnétisme, le choc des billes, etc. ; et les autres, progressifs, comme dans la cristallisation, la végétation, l'animalisation, etc.

C'est la multiplicité de noms donnés à toutes les causes secondes, qui a seule entretenu l'obscurité où l'on est resté sur l'unité de la cause universelle de tous les phénomènes de la nature. Si donc l'on convenoit une fois *que le premier mouvement donné à l'univers est la cause de toutes les modifications physiques*, un seul mot pourroit donner à comprendre l'idée de ce principe.

Parmi toutes les synonymies du mot *mouve-*

ment , celui d'*électricité* me paroît , à moi , celui qu'il faudroit choisir , par la raison que c'est le moins entendu jusqu'à cette heure , et par conséquent celui qui ne laisseroit point dans l'esprit d'autre acception que celle qu'on lui donneroit ; on est déjà d'ailleurs accoutumé à l'appliquer aux trois règnes de la nature. On dit , l'*électricité animale* , l'*électricité végétale* , et l'*électricité minérale*. Il ne s'agit donc plus que d'appliquer le sens convenable à ces expressions. Ce sera la première fois , peut-être , que la connoissance parfaite d'une chose ne se sera manifestée aux hommes qu'après celle du nom qui la désigne le mieux.

J'ai avancé dans mes premiers Mémoires une assertion sur l'inutilité et quelquefois le danger *de l'électricité artificielle* , autrement dite *aérienne* , qu'on obtient à l'aide des machines électriques ; j'ai affirmé qu'elle ne pouvoit être employée avec efficacité au soulagement des maux de l'humanité : comme aujourd'hui j'ai encore plus de raison d'être confirmé dans cette opinion , c'est dans toute la plénitude de ma conviction intime, que je le répète à tous ceux qui me liront.

J'en dirai autant de l'application de *l'aimant minéral*.

C'est avec une peine infinie que j'ai entendu parler du projet d'employer cet hiver les aimants chargés de M. l'abbé le Noble.

Ce *mouvement* (cette électricité, pour mieux dire) n'a aucun rapport direct avec notre organisation ; il n'est susceptible que de produire des effets destructeurs sur notre machine. Je plains de tout mon cœur les malheureux individus que l'on soumettra aux expériences annoncées ; s'ils ne guérissent pas, ce sera le moindre de leurs maux. Heureux seront-ils encore, si, à la suite de leurs traitemens, ils ne conservent pas un ébranlement dans leur système nerveux, qu'aucun moyen ne pourra rétablir (3).

Je ne serois pas étonné cependant que, dans la quantité de malades traités par le moyen de l'*aimant minéral*, il ne s'en trouvât quelques-uns de soulagés et même de guéris ; mais ce ne sera point, à coup sûr, par la vertu des *aimants minéraux*.

Ce que je veux dire ici pourra paroître énigmatique à plusieurs personnes, mais sera parfaitement compris, à ce que j'espère, par tous les magnétiseurs un peu instruits. C'est de cette manière que j'entends très-bien comment un mal de dents peut se guérir à l'aide d'une petite barre d'aimant ; aussi conseillerai-je très-fort à tout le monde d'en faire usage dans ce cas *avec toute la dévotion possible.*

Tout moyen *hors de nous*, enfin toute *électricité étrangère* à notre systême ne peut nous être favorable.

Un coup de bâton, une commotion électrique, une accélération de notre mouvement propre par l'aimant minéral ou par l'électricité aérienne ; tous ces moyens, par eux-mêmes, me paroissent également nuisibles. Je suis très-convaincu que toutes les facultés savantes ne sont pas éloignées d'en être persuadées ; mais, pour en convenir, il faudroit trouver un faux-fuyant pour leur amour-propre, qui pût laisser croire au public que ce n'est point à un étranger, à M. *Mesmer*, enfin, qu'elles doivent les premiers aperçus sur cette importante matière. La tâche est difficile, j'en conviens, si même elle n'est pas impossible ; aussi ne faut-il pas s'attendre à voir la génération actuelle jouir de tous les avantages que peut et doit procurer l'application du *magnétisme* ou *électricité animale.*

Traitement d'une fièvre inflammatoire.

LE nommé Denis, mon garçon de *cuisine*, avoit eu des mouvemens de fièvre depuis deux ou trois jours, lorsqu'il se décida à prendre *médecine* sans en rien dire à personne.

Le dimanche 27 *mars*, il eut l'indiscrétion de faire son ouvrage toute la journée ; et le soir, accablé par la fièvre et un mal de tête violent, il fut obligé de s'aliter : la nuit fut orageuse. Un palefrenier, couché dans la même chambre que lui, me dit qu'il avoit eu le transport : le sang lui étoit sorti par la bouche et par le nez, au point que ses draps en étoient tout tachés.

Ce ne fut que le lendemain matin 28, que j'appris sa maladie : j'allai aussitôt le voir, et me mis à le *magnétiser.* Je ne fus pas *cinq minutes* les mains posées sur lui, que je m'aperçus que j'augmentois beaucoup ses souffrances. Il se plaignoit surtout de douleurs de tête très-fortes, et d'une oppression considérable : il avoit, disoit-il, une *barre* qui le ceignoit au-dessous des côtes ; sa respiration étoit gênée, et bientôt les doigts de ses mains se contractèrent au point qu'il ne pouvoit les étendre. Au milieu de toutes ses douleurs, il parloit sans suite et avoit des vertiges. En approchant mon pouce de son nez, je m'aperçus que l'émanation *magnétique* lui déplaisoit beaucoup; ma main, à un pied de son estomac, lui faisoit un poids qu'il cherchoit à soulever avec sa couverture; enfin, il me présenta toutes les indications les plus sûres qu'il étoit alors dans une *crise magnétique.*

Je le quittai, pour ordonner qu'on lui fît une boisson rafraîchissante; et au bout d'un quart d'heure, étant remonté chez lui, je le trouvai calme et hors de *crise.* Il me dit qu'il avoit souffert toute la nuit horriblement, que jamais il n'avoit été si malade, et qu'il croyoit n'en pas revenir. Je me mis à le *magnétiser* de nouveau, et bientôt tous les symptômes détaillés ci-dessus reparurent.

Lorsque je le crus en *état magnétique*, je lui ordonnai de se lever, afin de me suivre dans ma chambre : il y consentit avec grande peine; mais en posant ses pieds à terre, ses yeux s'ouvrirent encore; et reprenant sa connoissance, il voulut sur-le-champ se recoucher; il me fallut le presser de nouveau de se lever. Enfin, avec l'aide de quelqu'un, je le fis habiller et me suivre. Je ne croyois pas sa maladie aussi considérable qu'il me le faisoit ; et j'imaginois pouvoir le soulager avec le secours de quelques *crises magnétiques*. Une fois, assis au coin de mon feu, je le magnétisai pour la troisième fois , et produisis sur lui les effets violens de souffrances dont j'ai parlé.

En l'abandonnant, au bout d'un quart d'heure, la tranquillité succéda bientôt : il me dit que ses yeux lui faisoient mal, qu'il y avoit des ordures qui le gênoient : c'étoit le signe de l'approche de son réveil. Je les lui frottai un moment, et il redevint dans l'état naturel. Son pouls étoit serré , sa peau brûlante ; le mal de tête étoit tout aussi fort ; et dans l'accablement où il étoit , il me demanda à se coucher.

Je lui fis dresser un lit dans une chambre attenante à la mienne , afin de pouvoir le soigner plus à mon aise.

Trois ou quatre fois dans la journée , je lui procurai des *crises magnétiques* , pendant lesquelles il souffroit des maux inouïs. Sa bouche contractée ne lui laissoit qu'avec peine un passage à une respiration des plus gênées ; ses mains et ses pieds étoient crispés ; il ne savoit enfin à quelle partie de son corps arrêter l'idée de ses souffrances ; ses plaintes étoient déchirantes ; et, malgré ma confiance dans le moyen que j'employois, je ne pouvois me livrer à l'espoir consolant de le guérir.

La nuit du lundi au mardi fut très-agitée ; et la fièvre brûlante qui l'accabloit, ne lui laissa aucun repos.

Le lundi matin, ses crises me présentèrent les mêmes symptômes, et me portèrent le même effroi que la veille.

Sa boisson étoit de la tisane ordinaire, faite avec du *chiendent* et de *la réglisse* : chaque fois que je lui en donnois à boire un verre, dans le temps de ses crises, il me disoit que cela lui faisoit monter des sueurs à la tête. Il avoit la bouche brûlante et sèche ; et c'étoit avec un plaisir extrême qu'il buvoit l'eau ou la tisane *magnétisée* que je lui donnois. Il la trouvoit, disoit-il, sucrée (effet que j'ai souvent remarqué avoir lieu à l'approche de la guérison des malades).

Enfin, après une crise que lui occasionnai vers trois heures et demie, je le vis tomber dans un accablement très-grand ; et bientôt après il se manifesta chez lui une sueur des plus abondantes. Les gouttes lui sortoient grosses comme des pois de chaque partie du corps.

Je donnai ordre qu'à son réveil on le changeât de tout. Malgré cette forte évacuation, *deux crises* que je lui occasionnai dans la soirée, produisirent chez lui les mêmes symptômes que ci-dessus.

La nuit fut plus calme, et il put dormir un peu.

Le lendemain, mercredi, à neuf heures du matin, je le trouvai bien moins accablé que la veille; il me dit qu'il alloit mieux, et qu'il ne croyoit plus mourir, comme il l'avoit d'abord pensé.

Après lui avoir occasionné une crise, et l'en avoir retiré, je le fis lever : il étoit très-foible; mais son pouls étoit modéré, et ses yeux n'étoient plus appesantis; il put passer toute la journée dans un fauteuil.

Chaque fois que je le magnétisois, ses souffrances se renouveloient; hormis cela, il n'étoit que foible, et ne souffroit plus du tout. Je lui demandai, dans une de ces crises, s'il vouloit prendre autre chose que de l'eau? Il me dit de lui donner un *bouillon* à deux heures : ce que je fis.

Avant la fin du jour, il avoit déjà repris de la gaîté, et même se sentoit des dispositions d'appétit.

Dans sa dernière crise du soir , il commença à me témoigner sa reconnoissance. Il ne parloit qu'avec peine , parce que sa respiration étoit toujours gênée ; mais enfin je pus lui faire un petit interrogatoire. — Cela va - t - il bien ? — Oui . . . Je serai guéri demain. — Voulez-vous manger ? — Non ; il ne me faut qu'un bouillon ce soir. — Pourquoi avez - vous toujours les doigts crispés et contractés quand je vous touche ? — C'est . . . que j'ai encore un peu de mal . . . et le travail . . . de mon sang . . . fait cet effet-là . . . ça se combat . . . avec la fièvre . . . il faut . . . que cela sorte par les ongles. — Quelle maladie avez-vous là ? — Je vous le dirai . . . demain au soir. — Pourquoi ne pouvez-vous pas me le dire aujourd'hui ? — Parce que je ne le saurai que demain . . . et je ne vous dirai pas le mal que j'ai . . . car je n'en aurai plus . . . mais bien . . . ce que j'ai risqué. — Ce que j'ai fait vous a-t-il fait du bien ? — Vous m'avez guéri ; . . . sans vous . . . je serois peut-être mort à présent. — Suerez - vous encore ? — Non . . . je ne suerai plus ; voilà qui est fini , etc.

Un moment après cette conversation, il me dit qu'il avoit une ordure dans l'œil : je compris ce que cela vouloit dire, et je le remis dans l'état naturel ; puis , à son grand regret , je ne lui ordonnai qu'un bouillon pour son souper.

Il dormit assez bien la nuit suivante.

Le lendemain jeudi , je n'eus pas de peine à le faire lever : il avoit l'œil excellent , de l'appétit , et des couleurs très - fraîches. Je ne crois pas même qu'il eût encore de la fièvre ; du moins il n'en avoit aucun symptôme : ses habillemens , devenus trop larges , et sa foiblesse , étoient les seuls indices de sa maladie passée.

Sur les onze heures , pourtant , je le *magnétisai* , tout en doutant que je pusse produire quelqu'effet. Mais au bout d'un demi - quart d'heure je m'aperçus qu'il fermoit les yeux ; et peu à peu les symptômes de ses crises ordinaires reparurent avec moins de violence. Dans cette crise , il me dit que je pouvois lui donner à dîner de la soupe et du bœuf en petite quantité. Il m'ajouta que le soir , à huit heures , il me raconteroit l'histoire de sa maladie. Je voulus qu'il écrivît qu'il étoit guéri. Sa vision n'étoit pas complète , et il ne voyoit pas ce qu'il écrivoit. Cependant lui ayant donné une plume , il écrivit tout de travers : « Monsieur , j'ai l'honneur de vous remercier ». — Allons , lui dis-je , signez , Denis. — Je ne signe pas ce nom-là , me répondit-il. — Comment ? est - ce que vous avez un autre nom ? — Je signe *Ducrost*. Et il signa *Ducrost*. Sa signature , à son réveil , le fit beaucoup rire. Sans ce témoignage , il n'auroit pas voulu croire que c'étoit son écriture , parce que , disoit-il , il écrivoit mieux que cela ordinairement.

A huit heures du soir , je le remis en crise avec plus de peine et de temps que les autres fois ; les mêmes agitations le prirent , mais se modérèrent plutôt. Quand il fut tranquille , je lui rappelai la promesse qu'il m'avoit faite de m'éclairer sur sa maladie , et nous eûmes la conversation suivante : — Quelle a été votre maladie? — Le plus fort de mon mal étoit dans le cerveau ; vous avez vu le sang que j'avois rendu dans la nuit , qui en étoit la preuve ; mon cerveau étoit enflammé , et la fièvre l'étoit aussi. — Est-ce le *magnétisme* qui vous a guéri ? — Oui ; sans vous l'on m'auroit saigné lundi matin ; puis après l'on m'auroit fait prendre un bouillon : eh bien ! Monsieur , je serois mort certainement le lendemain. — Pourquoi cela ? — Parce que la saignée m'eût ôté les forces et les moyens de suer. — La sueur vous étoit donc nécessaire? — Il n'y avoit que la sueur

qui pût me guérir, et après celle que vous m'a-
vez fait avoir mardi, il n'y a plus eu de danger
pour moi.

— Mais si l'on ne vous avoit pas saigné ni
magnétisé, qu'en seroit-il arrivé ? — J'aurois
conservé la fièvre six semaines, et j'aurois été
bien malade et bien près de mourir.

J'ai oublié de dire que, dans le courant de
la journée, se sentant beaucoup d'appétit, il
avoit souvent parlé et désiré de manger. Sur
quoi les femmes que je traitois avec lui, lui
avoient dit que dans ses crises il commandoit
lui-même ses repas. S'il en est ainsi, avoit-il
répondu en riant, la première fois que je serai
magnétisé, j'aurai soin de m'ordonner un gigot ;
et autres propos semblables. Les discours de la
journée lui revinrent à l'esprit dans sa crise du
soir ; de sorte que, lorsque je lui demandai s'il
pouvoit manger quelque chose à son souper,
il me répondit : — Non, Monsieur, mon estomac est encore trop foible. Ils ont parlé toute
la journée de gigot : est-ce qu'il y a du bon
sens de proposer un gigot à un homme malade?
C'est une bêtise que cela, il ne me faut qu'un
bouillon ce soir, et pas davantage ; sans quoi
l'on risqueroit de me donner une indigestion.
— Je continuai : Avez-vous besoin d'être encore

magnétisé? — Encore demain matin ; mais vous aurez de la peine à me faire ressentir quelque chose : il ne faudra pas vous impatienter , car cela sera long. — Et demain au soir, faudra-t-il vous toucher? — Cela ne sera pas nécessaire. — Comment? est - ce que vous ne tomberez jamais en crise ? — A moins qu'il ne me vienne une autre maladie ; mais pour à présent que je ne sens plus de mal, vous ne pouvez pas m'en donner. Et il finit en me remerciant beaucoup de la peine que j'avois prise auprès de lui.

Après cette conversation , l'*ordure* dans les yeux se fit sentir ; je l'éveillai ; et après lui avoir recommandé de ne prendre qu'un bouillon , je lui dis qu'il pouvoit aller recoucher dans son lit cette nuit. Il dormit parfaitement bien.

Le lendemain vendredi , je le fis monter chez moi , et commençai à le magnétiser : il y avoit plus d'un gros quart d'heure que je travaillois fort inutilement , quand enfin je lui vis clignoter les yeux , et entrer paisiblement dans l'état de *somnambulisme*. Il n'avoit plus aucune douleur , plus d'éréthisme d'aucune espèce , seulement un léger mal de tête qui passa avec sa crise. Enfin il étoit , à l'exception des yeux fermés , comme dans l'état naturel. Il me dit qu'il étoit totalement guéri , et qu'à l'avenir je pourrois me dispenser de le toucher , parce qu'il n'auroit plus de crise. Je lui demandai s'il avoit un régime à suivre ? Non , me répondit-il , je n'ai pas à présent plus d'appétit qu'il ne faut , et vous pouvez me laisser à ma discrétion , parce que je n'en prendrai pas trop : je suis à présent comme si je n'avois pas été malade. — Avez-vous besoin d'être purgé ? — Non ; ce que vous m'avez donné m'a assez purgé. — Je ne vous ai donné que de l'eau ? — Cela suffit , car j'ai ressenti beaucoup d'effet dans le corps. — Je voulus voir sa langue , qui en effet étoit des plus vermeilles. Je lui fis ensuite écrire , avec assez de peine , car il ne voyoit plus rien :

« Je certifie que je suis radicalement guéri , » et que je puis manger de tout ce que l'on » voudra.

» Fait à Paris , ce 1er avril 1785.

» *Signé Ducrost* ».

Après cette confirmation , je le menai dans une autre chambre , où il se réveilla fort gaîment , et à sa grande surprise. Il est depuis parfaitement bien portant , et sans le moindre ressentiment de sa maladie passée.

Voilà donc une maladie qu'on peut appeler *une fièvre inflammatoire* dans toutes les formes, guérie radicalement, et sans convalescence, en quatre jours. Le malade a 21 ans, est naturellement fort coloré, et est doué d'un tempérament très-sanguin.

Ce sera dans les maladies vives que le *magnétisme animal* exercera son empire salutaire avec plus d'efficacité, de promptitude et d'évidence. J'ai peu traité de maladie de ce genre ; mais aucune n'a résisté long-temps aux effets du magnétisme.

Victor étoit au deuxième jour d'*une fluxion de poitrine* ; et Denis au commencement d'*une fièvre inflammatoire :* on a vu avec quelle célérité leurs santés se sont rétablies. Il est à remarquer qu'aucun des deux, dans leurs momens de *somnambulisme magnétique*, ne m'a demandé la moindre *drogue* pour le cours de son traitement, et que ni l'un ni l'autre n'a eu de convalescence : le dernier jour de leur crise a été le dernier de leur maladie. C'est là, je crois, la marche que devront prendre toutes les cures de maladies vives accidentelles, sur des individus sains et bien constitués.

Je considère toute maladie de ce genre

comme la manifestation d'un symptôme critique de la nature, pour opérer la destruction d'une cause morbifique quelconque.

Toutes les fois qu'un malade a la fièvre, j'en augure favorablement ; je pense qu'il n'est besoin que d'ajouter à sa force, pour aider la nature à se débarrasser de l'obstacle qui la gêne.

Au commencement d'une maladie vive, les forces d'un malade ne sont point atténuées. Si donc on parvient chez lui à augmenter le symptôme critique, on ne lui occasionne qu'une crise passagère, qu'il est presque toujours en état de supporter ; et les deux efforts réunis du magnétiseur et du magnétisé, anéantissant en peu de temps l'effort destructeur de la maladie, ne laissent, après leur effet, aucune trace de foiblesse ni de langueur.

La marche des maladies *chroniques* est très-différente : la nature, souvent épuisée par le mal et les remèdes, n'a plus la même activité, les symptômes critiques sont rares, ou très-difficiles à reconnoître, surtout pour les observateurs peu exercés dans le traitement des maladies. Le magnétiseur, dans ce cas, a donc tout à faire, puisqu'il n'est point aidé par la nature : d'où il suit des difficultés sans nombre dans le cours de son traitement. C'est alors qu'il faut réfléchir sur sa position ; voir si l'on est dans le cas de sacrifier son temps , de prodiguer ses soins et ses peines aussi long - temps que peut l'exiger la suite d'une pareille cure , afin de ne jamais abandonner son malade avant sa guérison : car , sans cette résolution , je le répéterai sans cesse , il vaudroit mieux ne pas commencer à le magnétiser.

Une maladie vive n'entraîne point les mêmes inconvéniens ; sa marche est si rapide , les succès que l'on obtient sont si prompts , qu'on peut , sans s'armer de beaucoup de constance , en entreprendre la guérison.

Malheureusement pour le bonheur des hommes actuellement existans , les expériences dans ce genre , qui seroient les plus convaincantes en faveur de l'application du *magnétisme animal* , seront encore rares bien long-temps.

Qui osera le premier , dans les commencemens d'une *maladie aiguë*, dont le nom seul fait frémir un malade devant qui on le prononce ; qui osera , dis-je , dans les commencemens d'une fièvre putride ou maligne , etc. , se confier pour tout refuge aux soins d'un magnétiseur , à la science duquel on n'ajoute aucune foi ?

Avouons-le , cette confiance ne peut raisonnablement s'exiger : je sens que moi-même , à la place de tous ceux qui ne connoissent les effets du magnétisme que par des ouï-dires , je me conduirois comme eux , et que rien dans le monde ne me feroit abandonner ma confiance ancienne dans la médecine ordinaire.

Je suppose même encore que , dans le commencement d'une maladie dangereuse, par une espèce de confiance ou par condescendance , on vienne à se laisser persuader qu'il est nécessaire de se faire *magnétiser ;* ce que l'on aura de parens ou d'amis ne viendront-ils pas tous , guidés par l'amitié et l'interêt qu'ils portent au malade , pour l'en dissuader par les raisons les plus déterminantes ?

Ne trouvons donc pas les hommes si injustes de ne vouloir ni croire ni se confier au magnétisme , qu'ils ne connoissent pas. Un moyen nouveau de curation ne peut être que difficilement admis, et il faut plus d'une génération pour amener les hommes à y croire.

Je dis même plus : autant les médecins ignares et de mauvaise foi doivent faire leurs efforts pour anéantir une découverte qui , en dévoilant leur incapacité, compromet leur existence, autant les médecins honnêtes et instruits, accoutumés à connoître les effets, souvent funestes, de la crédulité aveugle des hommes, doivent aussi rejeter un moyen que, ne connoissant pas, ils rangent par habitude dans la classe de tous les empirismes, contre lesquels leur sagesse les fait lutter sans cesse.

C'est entre les mains des *magnétiseurs* instruits qu'est déposé aujourd'hui le bonheur des hommes à venir ; c'est par la sagesse et la modération de leurs propos, autant que par leurs succès prompts et certains dans le traitement des maladies, qu'ils parviendront peu à peu à persuader les médecins de la vérité et des bons effets du magnétisme. La confiance dans les *magnétiseurs* doit précéder la confiance au *magnétisme*, puisque ce dernier ne peut avoir d'efficacité, qu'autant qu'il sera prudemment et sûrement administré.

Suite des Expériences de Buzancy.

LE séjour de *Madeleine* à Paris, n'ayant produit aucun bien à sa santé, je projetois, à mon retour à *Buzancy*, de la soigner avec plus de constance, et de chercher quelques nouveaux moyens à pouvoir ajouter à ceux que j'avois employés jusqu'alors avec elle ; car le *somnambulisme magnétique*, dans lequel elle entroit fort aisément, n'avoit point du tout avancé sa guérison : c'étoit la seule, comme je l'ai déjà dit, de tous les malades devenus *somnambules* que j'avois traités jusqu'alors, qui n'avoit rien connu à sa situation, et qui, n'ayant jamais eu le moindre pressentiment, n'avoit par conséquent pu m'indiquer aucun remède ou moyen pour la soulager. Ses attaques d'*épilepsie* étoient bien devenues moins fortes et moins fréquentes ; mais enfin elles existoient toujours.

Dès le *lendemain* de mon arrivée à Buzancy, le 18 avril, j'ai essayé sur Madeleine en *somnambulisme* différens *renforcemens magnétiques*, comme de mettre plusieurs personnes entr'elle et moi, et de l'actionner ainsi au travers de leurs corps. Quelquefois je faisois prendre une *bouteille* à la personne le plus près d'elle, et je la lui faisois diriger sur l'estomac. Cette fille souffroit alors beaucoup ; elle ressentoit des coliques très-fortes, que le bruit qui se passoit dans ses entrailles manifestoit assez. Lorsque ses plaintes devenoient par trop répétées, je cessois mon action.

Pendant plus d'un mois, j'ai eu la persévérance de la *magnétiser* ainsi de toutes les manières possibles ; j'espérois pouvoir par-là déterminer *une crise* favorable, et changer enfin l'état stationnaire de la maladie : mais tous mes efforts ont été superflus.

Lorsqu'elle avoit ainsi souffert quelquefois pendant plus d'une heure de suite, je la voyois, à la fin de mon opération, se relever et s'asseoir aussi tranquillement que si je ne lui eusse rien fait du tout. Lassé enfin de l'inutilité de mes soins, j'ai pris le parti de renvoyer définitivement cette fille chez elle, avec la triste certitude de ne l'avoir pas guérie.

Quoi qu'il en soit de tous les efforts que j'ai tentés inutilement pour être utile à cette malheureuse créature, mes essais n'ont pas été perdus pour mon instruction. J'avois bien eu jusqu'alors l'idée la plus avantageuse *du verre*, comme le meilleur *conducteur magnétique* possible ; mais j'ignorois jusqu'à quel point il peut servir de *renforcement* dans la suite d'un traitement.

Lorsque je voulois *doubler et tripler* même mon action sur Madeleine, je prenois quelquefois deux ou trois de mes gens , à qui je donnois à chacun une *bouteille vide ,* que je leur faisois diriger sur cette fille , souvent à une distance fort considérable. Etant ainsi assaillie de tous les côtés , elle ne savoit où se mettre : ses deux mains se portoient alternativement aux quatre endroits de son corps , qui servoient de but aux bouteilles , et l'effet qui se passoit en elle alors , étoit incroyablement augmenté. Combien de fois, depuis, je me suis servi victorieusement de ce moyen dans beaucoup d'autres occasions !

Le besoin que j'avois de mes gens pour m'aider dans la suite du traitement de Madeleine , joint à la fatigue que m'auroit occasionnée la conduite suivie de quantité d'autres malades que j'avois reçus chez moi , m'engagea, dans ce temps, à montrer à deux d'entr'eux les moyens de m'aider avec plus d'utilité. Le pouvoir qu'ils se reconnoissoient , en *magnétisant* d'abord avec moi , les surprenoit beaucoup et les amusoit de même : mais lorsque peu à peu je les fis *magnétiser* tout seuls , leur ardeur et leur zèle augmentèrent beaucoup.

Bientôt je pus confier à *Ribault* et à *Clément* la conduite entière de plusieurs malades ; et l'on verra , dans la suite des cures que je rapporte , combien ils m'ont secondé utilement.

Avant de parler des nouvelles cures qui se sont effectuées à Buzancy , je veux parler encore des propriétés du verre. Cette substance est d'une si grande utilité dans l'usage du magnétisme animal , qu'il est bon , en s'en servant , de pouvoir se rendre raison des phénomènes qu'elle produit.

Le verre , comme on le sait , est , dans les corps non organisés , un de ceux qui sert le plus à manifester le phénomène de l'électricité ; ce qui revient à dire que ce corps est plus susceptible qu'un autre *de retenir en lui et à sa surface le fluide universel dans un plus grand mouvement* ; car c'est là , à proprement parler , ce que l'on doit entendre par le mot d'*électricité*.

J'engage beaucoup à peser sur cette définition de l'*électricité*. Il est nécessaire de s'entendre sur le sens des mots dont on se sert , pour pouvoir bien expliquer ses idées. Je suppose , par exemple , un verre rempli d'eau que l'on poseroit tranquillement sur une table : dans cet état , je pourrois dire qu'il n'y a *nul mouvement* dans cette eau , *ou nulle électri-*

cité; mais si , après avoir mis le doigt dans le verre , je le tourne avec précaution , pour ne pas répandre l'eau par-dessus les bords , je produirai dès lors un *mouvement* marqué dans le fluide , qui n'existoit pas auparavant. Eh bien ! ce *mouvement* est précisément ce que j'entends par le mot *électricité*; et le repos qui se produit dans l'eau , après en avoir retiré mon doigt , est ce qui correspond au déchargement de l'électricité , qui lui-même , à proprement parler , n'est qu'un rétablissement de l'équilibre.

Etendons plus loin la comparaison , et nous verrons que partout où nous procurons un *mouvement* quelconque , il s'y passe le même effet que dans le verre d'eau , et qu'il y est tout aussi passager.

Je frappe , par exemple , sur une cloche. Qu'arrive-t-il alors , si ce n'est un mouvement plus grand du fluide universel , que , par le choc , je détermine dans l'intérieur du métal ; lequel mouvement se manifeste à nos oreilles par le *son* , et à notre *toucher* par le frémissement de la cloche ? Mais peu à peu , de même que dans le verre d'eau , le fluide universel tend à reprendre sa tranquillité ordinaire , qui n'a pu être troublée sans déranger

l'équilibre général : alors le bruit et le frémissement cessent , et la cloche se retrouve
dans le même état où elle étoit précédemment.

C'est encore ici l'explication parfaite de l'*é-
lectricité*. Tant que la cloche étoit en vibration , on auroit pu dire qu'elle étoit électrisée.
Si l'on en eût alors approché la main , comme
d'un conducteur électrique , il n'en fût pas
pour cela sorti d'étincelles , mais on eût éprouvé
un frissonnement au bout des doigts , et le son
n'auroit cessé entièrement , qu'autant que par
l'attouchement on eût déchargé la cloche de
toute son *électricité* , ou , pour parler en
d'autres termes , lorsque l'on auroit rétabli
l'équilibre dans le fluide universel.

Les exemples que j'ai déjà donnés dans ce
genre , page 25 , me dispensent d'en donner
davantage à présent : mais voyons ce qui se
passe dans les expériences ordinaires de l'électricité. Avec un plateau de verre , je détermine un plus grand mouvement du fluide universel dans l'intérieur de mon conducteur : plus
mon plateau est grand , plus le mouvement que
je procure est considérable , plus , par conséquent , le tourbillon qu'il forme s'étend à une
plus grande distance autour du conducteur.
Ne voilà-t-il pas absolument le même effet

que dans l'exemple ci-dessus de la cloche en vibration ? Lorsque mon conducteur est ainsi chargé , ou, pour mieux s'exprimer , lorsqu'il a reçu la quantité de mouvement dont il est susceptible , si j'en approche la main , je fais aussitôt cesser le mouvement ou la vibration du conducteur. Il est vrai qu'au lieu d'un frémissement au bout des doigts , c'est une petite commotion que je ressens , et qu'il se manifeste une étincelle : mais ce déchargement soi-disant d'*électricité* , n'en est pas moins, comme ci-dessus , un effet tout simple de *repos et d'équilibre du fluide universel.*

Le mot d'*électricité* une fois bien entendu de la manière que je viens de l'expliquer , revenons au verre.

Si ce corps manifeste aussi aisément le phénomène *de l'électricité ;* autrement dit , s'il est susceptible de retenir aussi long-temps le fluide universel dans un grand mouvement à sa surface, n'en devons-nous pas conclure qu'il n'a cette faculté qu'en raison de ce que, même dans le repos, le fluide universel circule plus vivement en lui que dans tout autre corps ? C'est cette dernière propriété qui, suivant moi, constitue le verre *corps électrique*. Plus il y a de mouvement ou de ton de mouvement dans un corps, plus on peut dire qu'il est électrique, et susceptible par conséquent de manifester le phénomène *de l'électricité*.

Un homme est plus *électrique* qu'un arbre, celui-ci l'est plus qu'un tube de verre, ce dernier plus qu'une barre d'aimant, et ainsi de suite.

Le verre, malgré ses propriétés *électriques* (4), ne pourroit jamais de lui-même avoir aucune influence sur notre système nerveux. Son ton de mouvement n'ayant pas l'accélération nécessaire, n'est *ni assez ténu, ni assez pénétrant* pour s'assimiler à notre organisation : mais sitôt qu'il est *magnétisé*, son électricité se trouve en analogie avec la nôtre, et alors il devient un conducteur *magnétique animal* d'autant meilleur, qu'en vertu de son mouvement propre, il entretient en lui plus long-temps l'accélération qu'il a reçue.

Après le *verre*, il est une autre substance qui dénote à l'expérience encore une plus grande force ou impulsion de mouvement ; ce sont les nerfs dont je veux parler. On sait qu'un plateau qui en est formé, produit une électricité plus active encore que le verre. C'est donc aussi la preuve d'un mouvement intrinsèque du fluide universel dans les nerfs , plus grand que dans tout autre corps , et de la susceptibilité qu'ils ont à pouvoir en accumuler davantage à leur surface.

On peut donc dire avec fondement que les nerfs sont *électriques* , et qu'aucun corps dans la nature ne manifeste cette propriété à un aussi haut degré. Voilà, si je ne me trompe, la véritable clef des phénomènes physiques que présente le magnétisme animal.

Le seul effet , pour ainsi dire *créateur*, que nous ayons le pouvoir de produire, c'est celui d'accélérer le mouvement dans les corps, en les frappant d'une manière quelconque. C'est par des *chocs* et des *frottemens* que nous produisons le son, que nous obtenons du feu, d'où dérive la flamme , et par suite la lumière. C'est de même par une accélération de mouvement, que nous imitons deux des phénomènes les plus étonnans de *la nature*, ceux de l'*aimant* et de l'*électricité aérienne*, désignés sous le nom d'*éclairs* et de *tonnerre*. Le seul règne où nous n'ayons pas, jusqu'ici, exercé notre puissance accélératrice, est le règne animal ; tandis que de même , par un effet de *mouvement* sur le système nerveux, nous pouvons produire quantité de phénomènes utiles et nouveaux sur les êtres organisés. Mais non ; contens et satisfaits de notre supériorité sur toute la nature morte, nous avons borné là nos jouissances, sans songer à ébaucher la mine la plus abondante en phénomènes.

L'homme à la tête de tout son règne ; cet être, dont l'*essence* est encore un problême pour la plus grande partie de ses semblables, l'homme, dis-je, comme chef immédiat de toute la nature animalisée, doit, dans son *organisation matérielle*, être aussi susceptible d'accélération de mouvement que tout le reste de la nature : ses nerfs, *électriques* au suprême degré, sont les canaux susceptibles de recevoir et propager cette accélération prodigieuse de mouvement : il ne faut que *vouloir* user d'une partie de notre puissance *physique* et *naturelle*, pour mettre en jeu cette propriété.

La cause première du *mouvement général* est, je crois, inexplicable ; nous savons seulement qu'il en existe une, et cela doit nous suffire.

D'après cette donnée incontestable, il est clair que ce mouvement vivifie toute la nature ; mais la manière dont il agit dans le règne animal et végétal, est différente de celle dont il agit dans le règne minéral. Dans ce dernier, il ne paroît pas exister de mouvement du centre à la circonférence ; tout y est le produit de diverses *modifications*, *juxta-position* ou *agrégation de parties*, tel enfin que le phénomène de la *cristallisation* nous en donne l'aperçu ; au lieu que dans les autres règnes il existe véritablement une source de vie, un foyer particulier, d'où part l'expansion de mouvement; et c'est ce qu'on désigne en général sous le nom de *principe vital*.

Dans le règne végétal, le *principe vital* peut se reconnoître aisément. On sait qu'il existe dans le germe des plantes, et que c'est de ce foyer, comme *centre*, que partent toutes les extensions de mouvement qui font naître, croître, et se fortifier toutes les productions végétales.

Dans le règne animal, le *principe vital* est aussi contenu dans un germe ; et c'est aussi de lui qu'émanent toutes les extensions de mouvement favorables à la vie et à l'entretien des animaux.

Le principe vital est donc le *foyer expansateur du mouvement* dans tous les corps organisés ; et les *fibres* dans les végétaux, de même que les *nerfs* dans les animaux, sont les conducteurs passifs de ce mouvement, ou *élec-*

tricité naturelle. Tant que le *principe vital*
dans un corps, est suffisamment fourni d'*élec-*
tricité, on sent qu'il communique, au corps
qui le renferme, toute la force et la vie dont
il est susceptible, et qu'aucun moyen quelconque ne peut ni l'augmenter ni le renforcer :
mais si, par quelque cause seconde, le *prin-*
cipe vital vient à s'appauvrir, on sent qu'il
en doit résulter un désordre apparent dans une
des parties de ce corps ; c'est alors que se manifeste la maladie.

Si l'on ne parvient pas, par des remèdes
convenables, ou autres moyens quelconques,
à rendre au *principe vital* la quantité d'*élec-*
tricité dont il a besoin pour alimenter toutes
ses branches, l'équilibre dans tout le systême
animé se rompra totalement, et la mort s'ensuivra.

La maladie dans les hommes, strictement
parlant, ne vient uniquement que de ce défaut
d'équilibre ou de circulation de l'*électricité*
animale. Pour rétablir cet équilibre, il n'y a
que deux manières de s'y prendre ; l'une, en
débarrassant la partie malade des obstacles qui
nuisent à la circulation de l'*électricité animale*,
et l'autre, en agissant immédiatement sur le
principe vital, pour le renforcer et lui donner

les moyens de chasser lui-même les obstacles qui nuisent à son cours. Le premier moyen est celui que la médecine ordinaire emploie le plus souvent : les remèdes intérieurs, pour la plupart, n'agissent que sur les obstacles ; et s'il en est quelques-uns dont l'action s'étende jusque sur le *principe vital*, ce n'est que dans des cas particuliers, et accidentellement.

Le second moyen est rempli par les *magnétiseurs*. Le *principe vital* étant un foyer d'électricité, ne peut être renforcé que par une électricité qui lui soit analogue ; et c'est ce qui arrive dans l'application du magnétisme animal. D'un *principe vital* bien organisé, s'échappe, par les nerfs, une électricité animale, active et pénétrante, dirigée sur les nerfs d'un malade : ceux-ci s'en emparent avec une avidité extrême, et vont porter cette action, à leur tour, sur leur *principe vital*, qui a besoin d'être renforcé. Si le malade n'est pas exténué, si la longueur de sa maladie ou les mauvais remèdes n'ont pas trop appauvri son *principe vital*; alors celui-ci a la force de réactionner l'effet qu'il a reçu, et d'encore en encore, en plus ou moins de temps, la circulation d'électricité (ainsi établie) finit par maîtriser et chasser totalement l'obstacle qui gênoit son cours, et la

santé se manifeste en même temps que l'*équilibre électrique* s'établit entre le magnétiseur
et le magnétisé (5).

Tous les corps ayant vie sont susceptibles
de se communiquer ainsi leur électricité. Si les
arbres et les végétaux croissent d'une manière
plus active étant rapprochés les uns des autres,
que lorsqu'ils sont isolés, ce n'est qu'en raison
de la circulation d'*électricité végétale* qui s'é-
tablit entr'eux.

Il en est de même des animaux en troupe et
vivant en liberté. Cette loi animale s'étend
même jusque sur les hommes libres vivant
de chasse au milieu des bois : leur force et leur
activité sont incomparablement plus fortes que
celles des hommes rassemblés, comme eux,
en société, mais vivant sous des toits et dans
toutes les entraves sociales.

Cette circulation de mouvement, dans l'ordre brut et naturel des choses, est, comme on
le voit, absolument passive, et dépendante uniquement de la *première impulsion génératrice
du mouvement universel :* tout ce qui est matière en doit aveuglément ressentir les influences, et ne doit point avoir la puissance d'en
changer les règles.

L'homme seul paroît contrarier cette loi générale. Loin d'y obéir aveuglément , comme le reste de la nature , nous le voyons sans cesse , par ses mouvemens désordonnés , déranger l'équilibre universel ; aussi avoit-il besoin , physiquement parlant , d'un moyen qui pût balancer les mauvais effets de sa moralité sur son organisation ; et c'est aussi ce dont il jouit au suprême degré. C'est dans sa sensibilité à la vue des maux de ses semblables ; c'est dans son chagrin à la perte de ses amis , que je vois se manifester dans l'homme des facultés bien supérieures à celles du reste des êtres animés.

Quel autre être dans la nature , excepté l'homme , est susceptible de cette sensibilité aux maux de ses semblables ? Nous n'en connoissons pas. Depuis le ver de terre jusqu'au chien , si digne , par son aimable instinct , de notre attachement , nous voyons tous les animaux , passé le temps de leurs besoins productifs , être indifférens les uns pour les autres , s'abandonner dans leurs maladies , et quelques-uns d'entr'eux dévorer même les restes de leurs semblables. L'homme seul possède cette sensibilité si désirable : si , loin de chercher à l'étouffer en lui , il se laissoit aller à ses douces impulsions , il se reconnoîtroit sans cesse le pouvoir de renforcer *son principe vital à sa volonté*, et de réparer, par son action, celui de ses semblables.

C'est ici qu'il faut s'arrêter sur les explications physiques du pouvoir des hommes. Quelle est la nature de *cette volonté*, seul agent de l'action artificielle de son *principe vital?* N'est-ce pas ici le joint de deux essences que l'on ne peut ni voir ni apprécier? En remontant jusqu'au *principe vital*, je peux bien comprendre encore qu'il est le dernier échelon de *la matière;* et l'*électricité* m'en donne une espèce d'aperçu (6); mais par-delà le dernier échelon de la matière, que peut-il y avoir encore? La *volonté* existe cependant; son action sur le *principe vital* est manifeste: mais quelle est sa nature? Si son principe est au-delà de la matière, il faut absolument reconnoître en nous l'existence d'un principe immatériel, émanant de la source et du principe créateur de l'univers.

Le plus grand argument des matérialistes tombe nécessairement, s'il est prouvé que l'homme est doué d'une *volonté libre*, capable d'agir à son gré sur la matière. « Un corps, » *disent les partisans du matérialisme*, ne » peut recevoir d'impulsion que par le choc d'un » corps : si donc ce que l'on appelle *esprit* ou

» *âme* peut produire une action sur la matière,
» il faut en conclure que cette âme elle-même
» est matière ». Ce raisonnement sans doute
est spécieux ; mais on peut y répondre aujourd'hui d'une manière victorieuse. Si tout est
matière dans l'homme, il ne doit point exister
de liberté dans ses actes. La matière, de quelque ténuité qu'on la suppose, est soumise à
des règles invariables qu'elle ne peut pas contrarier. Si donc l'homme a le pouvoir de contrarier ces règles, de se rendre, pour ainsi dire,
le maître des modifications de la matière, il
faut qu'il possède en lui plus que de la matière ;
car enfin, elle ne peut pas être en même temps
active et passive, ni devenir alternativement
cause et effet.

Mais de quelle nature est, demandera-t-on,
ce *principe immatériel* existant dans l'homme ?
Ici s'arrêtent toutes mes recherches. Content
de reconnoître ce *principe*, et de le voir se manifester par ma *volonté*, je me garde bien de
lui assigner un nom et de le classer dans mes
idées : toutes les dénominations que je lui don-
nerois, ne pourroient jamais exprimer le sentiment que j'ai de son existence.

La communication bien directe de la *volonté*
sur le *principe vital* n'est donc plus un doute

pour nous , et ce que jai dit touchant l'électricité , explique clairement le reste des phénomènes que présente l'application du *magnétisme animal.*

Si l'homme donc , comme nous l'avons vu lorsqu'il est en parfaite santé , possède en lui la source la plus féconde de mouvemens, et les meilleurs conducteurs possibles pour porter son *électricité bienfaisante* sur ses semblables, c'est donc de lui seul qu'il faut attendre les plus grands secours dans les maladies ; c'est par le moyen de son *électricité nerveuse* qu'il peut agir victorieusement sur elles ; et la science de mettre en jeu cette électricité , est , à proprement parler , celle désignée sous le nom de *magnétisme animal.*

Quand, dans mes premiers mémoires , j'ai dit que nous pouvions nous considérer comme des machines électriques parfaites , voilà ce que je désirois faire entendre , et ce que sûrement beaucoup de magnétiseurs ont très-bien compris. Ceux qui savent se rendre ainsi raison des effets qu'ils produisent , satisfont doublement leur cœur et leur esprit : mais on sent que , pour bien magnétiser , il n'est pas absolument nécessaire d'entendre tout ce que je viens de dire. L'homme borné, qui se persuadera pouvoir sou

lager son semblable, et qui le désirera ardem-
ment, pourra, soutenu par une foi bien ar-
dente dans ses moyens, produire autant d'effets
que le physicien le plus habile. Ceci explique
à merveille beaucoup de pratiques du peuple,
en apparence superstitieuses, mais quelquefois
fort efficaces dans de certaines maladies. Qui
n'a pas entendu parler de l'art de guérir par le
secret, ou par *des paroles jointes* à un *attouchement quelconque ?* Certain paysan croit
avoir le pouvoir de guérir les entorses, un autre les fièvres continues, un autre les fièvres
intermittentes : leur foi, ainsi circonscrite à
une seule espèce de maladie, les empêche d'ou-
tre-passer leur prétendu pouvoir. On s'imagine
bien qu'ils manquent fort souvent les cures
qu'ils entreprennent ; mais enfin ils en font
quelquefois de véritablement merveilleuses ; et
cela doit être, d'après le plus ou moins d'em-
pêchement que le fluide universel trouve à se
remettre dans l'équilibre où il tend continuellement. Il ne faut quelquefois, à la maladie la
plus grave en apparence, que la plus petite
commotion électrique animale, pour en arrêter tous les symptômes fâcheux.

Quoi qu'il en soit, lorsque l'on comprend
bien la cause des effets surprenans et salutaires

que procure la *puissance électrique* ou *magnétique animale*, on en conclut tout naturellement que l'imagination confiante du magnétisé ne doit pas y ajouter beaucoup, mais bien celle du magnétiseur. Car enfin, soit qu'on se rende compte ou non de la réalité de ses moyens, il faut que, d'une façon ou de l'autre, on croie fermement avoir la puissance de produire un effet pour se mettre en devoir de l'exercer: mais dès lors qu'on a acquis cette foi aveugle ou raisonnée, les mêmes résultats doivent s'ensuivre.

Le seul *magnétisme* efficace étant celui qui part directement de nous, on sent que celui de tout autre corps ne peut nous être d'aucune utilité bien marquée: mais il n'en est pas ainsi lorsque nous assimilons, pour ainsi dire, ces divers corps à nous-mêmes, lorsqu'enfin nous les rendons conducteurs de notre électricité.

Tout corps quelconque peut également nous servir de conducteur; mais il en est entr'eux de plus ou moins puissans. Or, la règle la plus sûre pour reconnoître les meilleurs conducteurs, c'est de chercher à distinguer ceux dans lesquels il y a le plus de mouvement ou d'*électricité*. De cette classe sont certainement les *animaux*, puis les *arbres* dans le règne végétal; et dans le règne minéral, le *verre* et l'*aimant*. L'électricité de ces divers corps est certainement moins forte que celle que nous possédons ; ce qui fait que nous pouvons agir *en plus* à leur égard.

Lors donc que je magnétise un arbre, par exemple, je lui communique mon *ton de mouvement*, et je le mets en équilibre avec moi, comme le plateau électrique met un conducteur métallique en équilibre pour un moment avec lui. Tant que cet équilibre durera entre l'*arbre* et moi, il devra résulter, à son approche, les mêmes effets à peu près que ceux que je produirois moi-même : c'est aussi ce que l'expérience prouve à la lettre. L'*arbre de Buzancy* a le pouvoir de mettre et d'ôter de *crise magnétique* tous les êtres sur lesquels j'ai déjà produit cet effet : c'est une conséquence très-simple de ce que je viens d'établir. Comme ensuite cet équilibre de l'*arbre* avec moi dépend absolument de *ma volonté*, il doit subsister autant et si long-temps que *je voudrai* l'entretenir ; ce qui, de ma part, n'exige pas de grands efforts, vu l'état passif où il est à mon égard, et l'espèce d'analogie qui existe naturellement entre son *électricité végétale* et la mienne (7).

Je pourrois en dire autant du *verre* et de *l'aimant*, et par suite, de tous les autres corps dont on pourroit se servir comme conducteurs du magnétisme animal, et dont l'influence seroit plus ou moins active, en raison du plus ou moins d'analogie de leur électricité avec la nôtre.

Je ne pousserai pas plus loin mes raisonnemens sur les causes des effets magnétiques ; je sens qu'il est impossible de résoudre aujourd'hui mille difficultés qui se présentent à mon esprit. Dans cinquante ans peut-être, mes réflexions seront déjà surannées. Mais enfin il faut bien faire un premier pas ; c'est la marche de toutes les connoissances : il faut que de nouveaux phénomènes amènent de nouvelles idées. L'art de la guerre, la physique et la poésie ont eu des règles avant d'avoir acquis le degré de perfection où nous les voyons aujourd'hui. Puissent seulement mes recherches, fort bornées, mettre sur la voie d'en faire de plus profondes, donner du magnétisme animal l'idée juste et relevée qu'on en doit prendre, et le faire entrevoir comme la source d'un progrès rapide dans toutes les connoissances humaines !

Traitement de maux de poitrine, et de foiblesse d'estomac.

Le nommé Louis Quentin, âgé de 23 ans, de la paroisse de Buzancy, vint me trouver le mardi 3 mai, pour me prier de lui faire passer un mal de dents dont il souffroit depuis trois semaines. Il ne me disoit point qu'il eût d'autres incommodités, de sorte que je ne m'occupai qu'à magnétiser sa tête et ses dents ; mais à mon grand étonnement, je vois cet homme pâlir au bout de cinq minutes : il me dit de le laisser tranquille, parce que je lui occasionnois des maux de cœur, des foiblesses, et des picotemens dans les membres.

Me doutant bien alors qu'il falloit qu'il eût autre chose qu'un mal de dents, pour ressentir des effets aussi prompts et aussi marqués du magnétisme, je l'engageai à se laisser faire : mais comme sa douleur de dents étoit passée, il ne le voulut pas absolument, et je fus obligé de l'abandonner. Peu à peu ses maux de cœur et ses étourdissemens diminuèrent ; et lorsqu'ils furent totalement dissipés, le mal de dents lui reprit avec une violence extrême. Il fallut bien alors qu'il se laissât magnétiser de nouveau.

Je ne m'en tins pas alors seulement à la tête, je posai une de mes mains sur sa poitrine, en la descendant graduellement jusque sur le ventre ; peu à peu les rages de dents disparurent, en même temps que les maux de cœur, les étouffemens, et les inquiétudes dans les membres se firent ressentir de nouveau. Il me disoit encore de le laisser ; mais je ne l'écoutai plus, et continuai à l'actionner de toute ma force. Je lui occasionnai des spasmes, des commencemens de crises dont il se réveilloit promptement. Il eut un étouffement violent, mes mains le brûloient, il les trouvoit d'une pesanteur excessive : et comme il conservoit en partie sa connoissance, il souffroit véritablement beaucoup. Je le laissai au bout d'une demi-heure, et le renvoyai chez lui, avec injonction de venir me retrouver dans l'après-midi.

Il vint sur les six heures du soir ; et pour cette fois il tomba, après un quart d'heure de souffrances, dans l'état de somnambulisme magnétique. Bientôt il se mit à parler sans suite : il vouloit travailler, aller à Soissons. En le calmant (8), il reprenoit sa raison ; mais ses souffrances la lui faisoient perdre bientôt. Au bout d'une demi-heure , il devint plus tranquille , et put me rendre compte de son état : « J'ai , me dit-il , une crasse de poussière sur l'estomac , mêlée avec de la bile recuite ; les maux de cœur que je sens tous les matins , viennent du besoin que j'ai de rendre tout cela par le haut ; mais comme je ne peux pas vomir , tout est là , sur mon estomac , comme une croûte épaisse qui va m'occasionner une forte maladie. — Que faut-il vous donner , dans ce moment-ci , pour vous soulager ? — Demain il me faut prendre un vomitif , et je vous dirai après ce qui s'ensuivra ». Une demi-heure après , il m'assura que le vomitif du lendemain feroit d'autant plus d'effet , qu'il sentoit que les humeurs se détachoient dans son estomac. C'est , me disoit-il , comme un pot qui bout là-dedans , et ça me travaille depuis les pieds jusqu'à la tête. La fièvre lui prit , qui, suivant son indication , devoit durer une heure environ ; ce qui effectivement eut lieu.

Vers neuf heures du soir , quoiqu'il fût d'une foiblesse extrême, je le reconduisis chez lui dans l'état magnétique ; et après l'avoir bien fait se réchauffer, je le fis coucher. Il souffroit toujours et se plaignoit beaucoup. Une fois dans son lit, il me pria de le retirer de cet état-là, qui l'affoiblissoit trop ; et je lui ouvris les yeux. Il étoit neuf heures un quart du soir.

Son étonnement, à son réveil, de se trouver dans son lit, sans se ressouvenir de rien depuis qu'il étoit venu me trouver à six heures du soir, fut si grand, qu'il en resta stupéfait et interdit. Il étoit honteux de voir qu'il étoit tombé en crise ; il n'en vouloit rien croire, et demandoit à sa femme si c'étoit vrai qu'on l'avoit fait boire, ajoutant qu'il n'y avoit rien de plus fâcheux que ce qui lui arrivoit là ; qu'il ressembloit à un ivrogne : il en avoit les larmes aux yeux, et ne savoit quelle contenance faire. Plusieurs personnes qui se trouvoient avec moi dans sa chambre, avoient beau chercher à le calmer, en lui disant que c'étoit pour lui un bonheur d'être tombé en crise, puisqu'il avoit dit en leur présence, que, sans le magnétisme, il eût fait une maladie terrible, dont peut-être il seroit mort, tandis qu'en peu de jours il alloit être totalement guéri ; il n'écoutoit personne, tant il avoit honte d'avoir perdu connoissance pendant quelques heures. « C'est bon pour des filles et des enfans, répétoit-il sans cesse, de tomber en crise ; mais

» un homme fort comme moi , cela n'est pas
» possible ». Le fait est que , depuis l'année
passée , il n'avoit fait que rire et plaisanter du
magnétisme , n'avoit pas cru du tout aux effets
du somnambulisme , et s'en étoit souvent mo-
qué hautement ; de sorte que son petit amour-
propre étoit fort blessé d'être obligé de se ré-
tracter. Cet exemple pourra bien se répéter
souvent par la suite. Combien je connois de
gens qui seroient encore plus honteux que
Quentin , si pareille aventure leur arrivoit ! ce
que cependant , malgré toute leur incrédulité ,
je leur souhaite , à la première occasion , de
tout mon cœur.

Il passa la nuit fort tranquillement , et
dormit mieux que de coutume. Le lendemain ,
il prit , à cinq heures du matin , quinze grains
d'ipécacuanha , qui le firent vomir quatre fois.

A onze heures , je le mis en crise sans lui
faire éprouver les mêmes maux de cœur et
les mêmes effets que la veille ; quoique souffrant , il me parla de son état. Le vomitif n'a-
voit fait que dégager les premières voies ; il
m'en demanda un second pour le lendemain ,
qui enlèveroit le reste de son embarras.

— Croyez-vous , lui demandai-je , être tout
à fait débarrassé demain ? — Non , me répon-

dit-il, il me restera encore de la bile ; mais mon estomac et ma poitrine sont trop foibles pour pouvoir prendre un troisième vomitif. La bile partiroit bien, mais il viendroit du sang avec, et cela me feroit plus de mal que de bien. Au bout d'une heure 'de crise, il me dit que les humeurs, chez lui, étoient dans un grand mouvement, et que l'état où il étoit les préparoit à s'évacuer le lendemain avec abondance. — Quel vomitif vous faut-il demain ? — Un grain d'émétique dans un verre d'eau ; cela seroit trop fort pour moi dans un autre temps ; mais demain, c'est ce qu'il me faut, parce que la bile noire, qui faisoit croûte sur mon estomac, est bien délayée et ne demande qu'à sortir.

Il me parla ensuite du métier qu'il faisoit, lequel étoit contraire à sa santé : il me dit que de sa vie il ne pouvoit se bien porter tant qu'il le continueroit. — Quel est donc votre métier ? — C'est celui de cribleur de blé ; je passe toutes les journées dans la poussière ; j'en avale et j'en respire continuellement ; cela forme des embarras dans ma poitrine et des crasses sur mon estomac ; j'ai des maux de cœur perpétuels : il faudroit, pour me bien porter, que je me fissse vomir tous les quinze jours ; et

vous sentez bien que c'est impossible à faire ;
les remèdes abrégeroient mes jours d'une autre
manière. Je lui conseillai de quitter ce métier , qui , quoique lucratif en lui-même , lui
deviendroit onéreux par les dépenses que lui
occasionneroient ses maladies. Il en convint ,
et me promit de l'abandonner.

Quand je l'eus remis dans l'état naturel au
bout de deux heures , il se sentit très-foible ,
mais sans souffrances. Il avoit eu la fièvre une
heure environ pendant le temps de sa crise.

Sur les six heures du soir , je le mis en crise
une troisième fois , pendant laquelle il souffrit
les mêmes maux que dans les crises précédentes ; il eut la fièvre pendant deux heures :
il me confirma le bon effet de l'émétique qu'il
prendroit le lendemain , et me dit que c'étoit
la dernière fois que je pourrois le mettre dans
l'état où il étoit , parce qu'après sa purgation
il ne seroit plus malade. —

Comme il savoit écrire , je voulus avoir de
lui-même un témoignage plus sûr que toutes
nos paroles qu'il ne croyoit guère , de l'état
dans lequel il étoit tombé , et en même temps
une preuve de son rétablissement : il y voyoit
très-clair à *la manière des somnambules* ; et
il écrivit ce qui suit :

Je serai guéri demain d'une grande maladie qui auroit duré six semaines ; et qui sera passée en trois jours (9).

Ce 4 mai 1785.

LOUIS QUENTIN.

Sur les huit heures et demie, je le remenai chez lui dans l'état de somnambulisme ; et m'ayant dit à neuf heures qu'il s'affoiblissoit trop, je le réveillai. Comme je lui avois demandé auparavant ce qu'il falloit lui donner pour souper, et qu'il ne s'étoit ordonné qu'un bouillon à l'oseille, je lui dictai son ordonnance à son réveil ; ce qu'il eut de la peine à croire, disant qu'avec la faim qu'il avoit, il étoit impossible qu'il se fût imposé une diète aussi austère. Au reste, il n'étoit pas plus crédule que la veille ; et sans son écrit, qu'il ne put récuser, je crois qu'il eût pu continuer par la suite à soutenir son premier avis : mais son écrit le terrassa tout à fait. *Voilà ce qui me condamne,* disoit-il : *puisque j'ai écrit cela, il faut bien que je croie aussi tout ce que vous me dites.*

Le lendemain, le grain d'émétique lui fit un effet considérable ; il rendit des quantités énormes de bile verte et noirâtre. Le soir, il fut très-foible, et le lendemain il se réveilla sans mal de cœur, ce qui ne lui étoit pas arrivé depuis long-temps.

Le dimanche suivant, il prit une médecine, d'après son ordonnance, qui le fit beaucoup évacuer ; après quoi il ne devoit plus se ressentir de rien. Mais le lundi matin, on vint réveiller un de mes aides magnétiseurs, pour lui dire que Quentin souffroit beaucoup de l'estomac, et avoit des foiblesses continuelles. *Clément* y fut, et après l'avoir magnétisé et mis en crise, il sut de lui que le samedi après midi, ayant été goûter avec d'autres ouvriers, il avoit un peu trop mangé, et qu'il en avoit eu une espèce d'indigestion ; que la médecine du dimanche n'avoit pas fait, d'après cela, tout l'effet qu'elle devoit faire. A huit heures et demie, il étoit encore dans l'état magnétique ; de sorte que je pus entendre son ordonnance pour la journée et le lendemain : « *Il faudra*, » dit-il, *me donner* une soupe légère à mon » dîner ; une heure après, me faire prendre du » petit-lait jusqu'à quatre heures, et ensuite » du bouillon aux herbes, le plus amer que » l'on pourra ; demain, au lever du soleil, je » prendrai un demi-grain d'émétique dans un

» verre d'eau ; l'effet en sera passé à six heures
» et demie , et à sept on me mettra en crise ,
» pour dire adieu au magnétisme ».

Il n'est pas nécessaire de répéter qu'à son
réveil, il eut bien de la peine à croire tout ce
qu'on lui rapporta de ses paroles ; le bouillon
amer lui déplaisoit par-dessus toutes choses.

Néanmoins, après avoir suivi son ordonnance
à la lettre, et après être resté une demi-heure
dans l'état magnétique, il se réveilla tout seul ,
à sept heures et demie, et depuis, il jouit d'une
très-bonne santé.

Comme il m'avoit prévenu qu'en continuant
son métier de cribleur de blé , il couroit le
risque de retomber souvent malade , je l'ai en-
gagé à changer d'état ; c'est à quoi j'ai eu beaucoup de peine à le déterminer : aujourd'hui il
est garçon jardinier , et depuis huit mois qu'il
est guéri, il n'a ressenti aucun symptôme de sa
maladie passée.

On a vu, dans le détail ci-dessus, l'espèce
de honte et de chagrin qu'éprouva Quentin ,
lorsqu'il s'aperçut , la première fois, qu'il étoit
tombé dans l'état de somnambulisme magnétique ; il ne pouvoit se le persuader , malgré la
quantité d'exemples qu'il avoit eus d'un pareil
effet sur beaucoup d'autres paysans de son

village et des environs : *C'est bon pour des enfans, pour des femmes*, disoit-il, *de tomber en crise : mais moi ! un homme fort comme moi !* Cet aveu si marqué de son incrédulité fut, je l'assure, une excellente leçon pour moi. Comment, me suis-je dit, ai-je pu être assez inconsidéré, *assez fou même*, pour m'imaginer pouvoir persuader des personnes instruites ou prétendant l'être ; des médecins, des académiciens, et quantité d'autres gens prévenus ou indifférens, et par-dessus tout cela, n'ayant aucune raison déterminante de confiance en moi ; tandis que je n'ai pas pu seulement persuader les paysans de mon village ? Aujourd'hui même encore il en est parmi eux qui se moquent de leurs camarades somnambules. Cependant, malgré toute leur prévention, à mesure que quelques-uns d'entr'eux tombent malades, ils n'en viennent pas moins me trouver : mais si par hasard ils deviennent dans l'état magnétique, ils en restent tout aussi confondus et humiliés que l'étoit Quentin. Enfin, je suis certain que jusqu'à ce que, dans chaque maison du village de Buzancy, il y ait eu un individu somnambule, il y restera encore des incrédules aux effets du magnétisme animal,

Cet exemple doit, ce me semble, calmer le zèle un peu trop ardent, et rendre plus indulgens sur l'incrédulité de la multitude, certains magnétiseurs qui s'efforcent en vain de la persuader.

***

Cure de maux d'estomac depuis un mois.

Le nommé Jean-Hubert *Thuillier*, maître d'école du village, est venu me trouver le matin du samedi 6 mai, se disant souffrant depuis huit jours de l'estomac, au point de ne pouvoir ni travailler, ni chanter à l'église.

Je le fis toucher par Clément, qui lui causa beaucoup d'émotion : le malade trouva sa main pesante sur l'estomac. L'émanation magnétique lui parut désagréable, ainsi que l'eau qu'on lui donna à boire. Au bout d'une demi-heure, il prétendit sentir son mal descendre dans le ventre ; après quoi il s'en alla.

Sur les sept heures du soir, Clément n'y étant pas pour suivre sa cure, je le magnétisai moi-même, et au bout d'un quart d'heure je le mis en crise magnétique. Il nous raconta alors l'histoire de sa maladie, qui, nous dit-il, ne seroit pas longue ; car tout son mal étoit descendu dans le ventre, et étoit tout prêt à en sortir. — Quelle espèce d'humeur, lui demandai-je, avez-vous à rendre? — C'est, me répondit-il, de la bile d'une singulière couleur; elle est jaune et rouge : je n'ai jamais rien vu comme cela. Toujours dans l'état magnétique, il continua de nous dire qu'il étoit bien aise de se voir guéri sans être tombé en crise, parce qu'on se moquoit beaucoup de cela dans le village, et qu'il auroit été bien fâché que cela lui fût arrivé. — Comment! est-ce que vous seriez fâché qu'on vous le dît après? — Oui, Monsieur, bien fâché, car ils se moqueroient tous de moi; et puis demain dimanche, à la grand'messe, j'aurois peur d'y tomber au milieu de l'église; cela m'inquiéteroit beaucoup. — Mais vous êtes en crise dans ce moment-ci; est-ce que vous ne vous en apercevez pas? — Pensez que non, que je n'y suis pas. On a les yeux fermés quand on est en crise, on n'y voit goutte; au lieu que moi, j'y vois très-clair (*) : ah! j'avois assez peur d'y tomber; mais à présent je vois bien qu'il n'est pas nécessaire de tomber en crise

____

(*) Remarquez qu'il avoit toujours les yeux fermés.

pour être guéri. Je suivis avec lui une conversation assez longue, qui m'amusa d'autant
plus que sa maladie ne m'inquiétoit guère.
Néanmoins, pour ne pas lui causer de distraction à la grand'messe du lendemain, je le réveillai sans le tirer de sa place ; et une fois
dans l'état naturel, je le confirmai dans l'idée
qu'il avoit de n'être pas tombé en crise.

Une chose l'inquiétoit cependant ; c'est qu'il
n'avoit aucun souvenir d'être sorti de sa maison
pour me venir trouver. Il se rappeloit bien qu'à
six heures et demie sa femme lui avoit dit d'aller
au château ; mais il ne savoit pas comment il
y étoit venu : depuis le moment de sa détermi-
nation à venir se faire magnétiser, jusqu'à celui de son réveil, il n'avoit mémoire de rien :
aussi se trouva-t-il fort étonné d'être dans ma
chambre. Cependant il étoit si loin de croire
être tombé en crise, qu'il s'en alla sans que
cette idée lui vînt à l'esprit.

Le lendemain, dans la matinée, il fut rencontré dans une maison du village, par quelqu'un qui l'avoit vu la veille en crise. Il se fé-
licitoit d'avoir été guéri aussi vite, et cela sans
avoir fermé les yeux comme les autres. Il raconta qu'il avoit rendu une très-grande quantité
de bile jaunâtre. La personne qui l'entendoit,

F

lui demandoit s'il n'y en avoit pas eu de rougeâtre aussi. Il resta assez surpris , et avoua que c'étoit vrai ; mais qu'il n'osoit pas faire tous ces détails , et qu'il étoit bien étonné qu'on sût cela.

Après la grand'messe , il revint pour se faire magnétiser ; mais, à ma grande surprise, après m'être donné beaucoup de peine , je ne pus parvenir qu'à lui occasionner un peu de chaleur. Je ne crus pas alors avoir de ménagemens à garder avec lui ; et en lui racontant beaucoup de détails qu'il m'avoit faits la veille, je le laissai persuadé qu'il étoit devenu , comme bien d'autres , dans l'état magnétique , et je lui conseillai de n'en pas être honteux. Il s'est depuis très-bien porté , et a voulu me donner le certificat ci-joint :

« Je soussigné Jean-Hubert Thuillier , clerc
» laïque de la paroisse de Buzancy , certifie
» avoir été guéri d'une bile recuite sur l'esto-
» mac, qui , depuis un mois , m'empêchoit de
» pouvoir souffrir aucune nourriture ; laquelle
» guérison s'est opérée chez moi , après être resté
» deux jours au traitement du magnétisme.
» A Buzancy , ce 9 juin 1785.
» *Signé* Jean-Hubert Thuillier ».

J'ai remarqué , dans plusieurs malades devenus somnambules magnétiques , le même
phénomène que m'a présenté le sieur Thuillier ;
je veux parler de cet oubli total d'un temps
quelconque , plus ou moins long , avant le moment de tomber en crise. Cet effet ne m'a jamais paru avoir lieu que la première fois qu'on
tombe dans l'état magnétique. Thuillier se res-
souvenoit à merveille , une fois réveillé , de
tout ce qu'il avoit fait dans la journée ; d'avoir
tenu son école le matin , après dîner avoir été
dans les champs , être revenu mettre son âne
à l'écurie , et avoir dit à sa femme qu'il falloit
qu'il se rendît au château à six heures ; depuis
lors , me disoit-il , *je ne me souviens de rien ,
je ne sais pas où j'ai passé pour venir ici* ;
de sorte donc qu'on pourroit conclure que , dès
le moment que Thuillier s'étoit déterminé à
venir se faire magnétiser , il étoit entré déjà
dans le commencement de l'action qui devoit se
terminer par le somnambulisme.

Quentin , avant lui , m'avoit présenté la
même singularité la première fois qu'il étoit
tombé en crise magnétique. Quant au maître
d'école de mon village , j'avoue que j'ai été un
peu fâché de ne le pouvoir plus rendre somnambule une seconde fois. Je n'avois pas voulu ,

par condescendance pour lui, le faire écrire dans sa crise, de crainte de lui donner de l'inquiétude à son réveil ; et cependant j'aurois été charmé d'avoir de sa main une preuve écrite, qui, pour le reste des paysans, eût été plus convaincante que toutes celles qu'ils avoient eues jusqu'alors.

Traitement d'obstruction et de dépôt fixé dans le corps, saignemens de nez habituels, douleur vague dans la tête et dans le cou, et foiblesse universelle depuis huit ans.

Le nommé Henri *Caron*, ancien postillon de la poste de Vivrai, âgé de vingt-neuf ans, de la paroisse de Baune, proche Neuilly-Saint-Front, est venu, le jour de l'Ascension, pour me consulter. Catherine Montenecourt, étant en état magnétique, le toucha ; et après avoir reconnu et détaillé son mal, elle me dit que ce malade ne seroit pas huit jours au traitement, sans être guéri radicalement.

Cet homme, fort content de cette consultation, s'en retourna chez lui pour arranger ses affaires, et ne revint que huit jours après, qui étoit le mercredi 12 mai.

J'étois ce jour-là à l'*arbre* de la fontaine, et je l'y magnétisai. Dès cette première fois il s'endormit, se plaignit du mal que je lui faisois, et fut fort sensible aux émanations magnétiques. Depuis lors, jusqu'à sa parfaite guérison, le froid m'empêcha de revenir à mon arbre, et je le traitai dans une chambre, avec les autres malades que j'avois alors.

La maladie de *Caron* avoit huit à neuf ans d'ancienneté ; il avoit reçu alors un coup de pied de cheval dans le creux de l'estomac ; un dépôt s'y étoit formé, et pendant cinq mois il n'avoit pu sortir de son lit. Au bout de ce temps, l'abcès avoit crevé intérieurement ; sa poitrine s'étoit remplie, et il avoit rendu, sans efforts, une quantité considérable de pus par la bouche. Il lui fut donné, dans ce temps, une médecine qui arrêta les vomissemens et fixa l'humeur dans le corps. Depuis ce temps il n'avoit point d'appétit, ne pouvoit travailler qu'avec peine à la terre, ayant été obligé de quitter le métier de postillon, et il sentoit des douleurs habituelles et très-fortes au-dessous des côtes et à la chute de l'estomac ; son ventre étoit dur ; on y découvroit une obstruction bien caractérisée, que l'on ne pouvoit toucher sans le faire beaucoup souffrir. Depuis cinq ans, un nouveau mal le tourmentoit doublement ; il lui avoit pris des saignemens de nez très-fréquens, avec des douleurs de tête habituelles, et il prétendoit avoir des rhumatismes dans les oreilles et dans le cou.

Dès le lendemain de son arrivée, cet homme devint en crise magnétique complète, et me présenta tous les caractères les plus marqués du somnambulisme. L'émanation magnétique, partant de ma main seule à une certaine distance, le faisoit beaucoup souffrir, de quelque côté que je l'actionnasse, et tout l'effet s'en portoit à son obstruction. Lorsque je me servois d'une bouteille de verre, il souffroit davantage, et disoit que son mal bouillonnoit dans son corps, et cherchoit à se détacher.

Deux fois par jour je le mettois ou le faisois mettre en crise, et il m'apprenoit, chaque fois, l'effet salutaire que l'on produisoit en lui.

Dès le deuxième jour, il découvrit la cause de son mal de tête et de ses saignemens de nez. — Je vois dans ma tête, me disoit-il, mais pour dans mon corps je n'y vois rien du tout. Je sens bien que mon mal veut descendre, mais je ne le vois pas. — Quelle est donc la cause, lui demandai-je, de vos saignemens de nez ? — Je ne l'avois pas su jusqu'à présent, me répondit-il, Monsieur, non plus que celle de mes douleurs de tête. Ce n'est pas des rhumatismes, comme je vous l'ai dit, au moins, mais c'est de l'humeur de mon corps qui a remonté dans ma tête ; cette humeur-là s'est tournée en eau : j'ai comme une boule d'eau dans la tête, qui échauffe de temps en temps le cerveau, et m'occasionne des saignemens de nez. — Et vos douleurs dans les oreilles et dans le cou ? — C'est aussi causé par cette boule d'eau. — Croyez-vous que le magnétisme vous en guérisse ? — Oui, Monsieur, l'humeur de ma tête partira en même temps que celle de mon corps. Tous les jours je vais déjà rendre de l'eau par les yeux et par le nez. — Et quand serez-vous guéri ? — Je n'en sais rien ; car je ne vois pas mon corps.

Il fallut donc m'aider encore de ma *somnambule* ordinaire, et je mis *Catherine* en consultation avec lui. Elle lui ordonna une médecine pour le lundi, après m'avoir assuré que *Caron* seroit guéri dans les huit jours, comme elle l'avoit annoncé la première fois. Elle tomba d'accord avec lui sur la cause de ses maux de tête, et m'ajouta qu'il ne falloit pas s'attendre que cet homme vît jamais l'intérieur de son corps.

Je me servois de bouteilles pour renforcer l'action magnétique que je portois sur le siége du mal de ce malade. Il en éprouvoit beaucoup de souffrances ; mais il les supportoit patiemment, vu l'effet avantageux qu'il en éprouvoit. Son abcès bouillonnoit et se fondoit petit à petit ; puis, à la fin de chaque crise, il lui sembloit, dans son état naturel, que son mal étoit descendu.

La première médecine lui avoit déjà fait rendre une forte partie de son humeur. Catherine, le mardi soir, étant dans l'état magnétique, lui en ordonna une seconde pour le mercredi 19 mai. « Le reste du dépôt, dit-elle, est prêt à partir ; deux jours de plus de magnétisme l'en débarrasseroient bien tout à fait ; mais puisqu'on peut le débarrasser plutôt, autant vaut-il le faire : une médecine demain va le guérir radicalement ». Puis s'adressant à Caron lui-même, qui alors étoit dans l'état naturel, elle le prévint, en riant, de ne pas s'effrayer de ce qu'il rendroit le lendemain ; que cela lui paroîtroit bien extraordinaire, mais que ce seroit tout simplement la poche de son dépôt qui sortiroit à la fin de l'effet de sa médecine.

Le mercredi, Caron prit donc médecine, et je ne le revis que vers six heures du soir : il avoit tant évacué toute la journée , qu'il étoit un peu foible. Sa première parole fut de me dire : — Ah ! mademoiselle Catherine avoit bien raison hier de me dire de ne pas m'effrayer : si je n'avois pas su ce que c'étoit , j'aurois cru que mes boyaux étoient déchirés , et que j'en avois rendu une partie , etc.

— .... Je suis bien soulagé , m'ajouta-t-il : je crois , Monsieur , que me voilà guéri. — Voyons, lui dis-je, nous allons savoir cela bien vite : si vous ne tombez plus en crise , c'en sera la preuve. Clément le magnétisa, et l'y fit pourtant tomber , quoiqu'avec plus de peine qu'à l'ordinaire.

Vers huit heures du soir , lorsque je le questionnai sur sa santé , il m'apprit sa guérison radicale. « Je n'ai plus rien dans le corps ni dans la tête , me dit - il. A neuf heures et demie je me réveillerai avec la colique , ce sera le reste de ma médecine qui partira, et puis après je n'aurai plus qu'à vous remercier ; demain je ne pourrai plus tomber en crise ». Je m'apprêtois à le voir se réveiller tout seul à l'heure qu'il m'avoit indiquée , et je ne comptois pas lui faire d'autres ques-

tions, quand, de lui-même, il se mit à me
parler de la sorte. — Monsieur, j'ai une grâce
à vous demander. — Quelle est-elle, Caron ?
Si je puis, je vous l'accorderai. — Ce n'est
qu'autant que cela ne nuira pas à la conclusion de ce que vous faites. — Qu'est-ce encore ?
— J'aurois envie de partir demain matin pour
Notre-Dame de Liesse, afin d'aller y remercier Dieu de ma guérison, et le prier pour
vous, pour M. Ribault, M. Clément, et mademoiselle Catherine, qui tous m'ont fait du
bien. Mais dites-moi bien franchement si vous
approuvez mon dessein ; car si cela nuisoit,
me répéta-t-il, *à la conclusion de ce que
vous faites, je n'irois pas.* — Vous pouvez,
lui répondis-je, faire sur cela ce qui vous convient : bien loin de nuire à la conclusion de ce
que j'ai fait pour vous, je pense que vous
n'avez rien de mieux à faire que de remercier
Dieu de votre guérison. Vous le pouvez, à ce
que je pense, aussi bien chez vous que partout ailleurs ; mais puisque votre dessein est
d'aller à Notre-Dame de Liesse, vous en êtes
le maître, et nous acceptons tous l'offre que
vous nous avez faite. — Eh bien ! je partirai
demain à la pointe du jour. Il y a quatorze
lieues d'ici à Notre-Dame de Liesse. Depuis

huit ans , je ne pouvois faire une lieue sans
être oppressé et sans m'arrêter pour souffrir
ou pour saigner du nez ; au lieu de cela , demain je ferai le chemin bien à mon aise dans
la journée. Après demain matin je ferai mes
prières, et vous me recevrez ici samedi matin ,
en passant pour m'en retourner à mon village.
L'on pense bien que la première idée qui
me vint tout de suite , fut que cet honnête
paysan avoit, depuis long-temps, la résolution
d'aller à Notre-Dame de Liesse , et que dans
ce moment il lui prenoit un ressouvenir de sa
dévotion ; ce qui me fit lui demander si , dans
son état ordinaire , il avoit eu le même projet
de pélerinage. « Je n'en sais rien , me répondit-
il ; mais je crois qu'oui , puisque je l'ai à
présent : cependant, de crainte que je ne l'ou-
blie , je vous prie bien , sitôt que j'aurai les
yeux ouverts , de me le rappeler , et de me
répéter tout ce que je viens de vous dire ».
Je le lui promis , et le laissai tranquille.

A neuf heures et demie , il me demanda de
l'aider à se réveiller ; ce que je fis. Sitôt qu'il
eut les yeux ouverts , sa première parole fut
qu'il avoit la colique , et qu'il me prioit de le
laisser s'en aller. Je lui annonçai sa guérison
radicale , et lui dis que cette colique alloit bien-

tôt se passer, pour après cela ne plus souffrir du tout. — Mais, lui demandai-je, ne devez-vous pas aller quelque part demain. — Oui, Monsieur, s'il plaît à Dieu, puisque je suis guéri ; je compte partir demain matin pour Baune. — Quoi, vous n'avez pas le projet d'aller quelque part auparavant ? — Non pas que je sache. — Mais cherchez bien dans votre tête, si vous n'avez pas un endroit à aller auparavant que de retourner chez vous. — Ah ! oui, Monsieur, c'est vrai ; je compte passer par Essonne, qui n'est qu'à une lieue de chez nous. — Ce n'est pas encore cela. — Je ne sais, me dit-il, ce que vous voulez me dire ; car je n'ai pas d'autre projet que de m'en retourner chez nous, et de travailler, si je le puis, pour gagner ma vie.

Je n'en pus tirer autre chose : cet homme n'avoit plus la moindre idée de ce qu'il venoit de me dire il n'y avoit pas une demi-heure. Je fus obligé de lui répéter ses propres paroles, et de lui dire qu'il s'étoit envoyé lui-même à Notre-Dame de Liesse ; qu'il falloit qu'il partit le lendemain dès la pointe du jour, et s'en allât remercier Dieu de sa guérison, ainsi que le prier pour les personnes qui lui avoient fait du bien. Il demeura fort étonné et interdit de cette

nouvelle; mais ensuite il me dit qu'il lui suffisoit que je l'assurasse qu'il avoit résolu ce pélerinage dans sa crise, pour qu'il l'exécutât avec
plaisir, et qu'il partiroit le lendemain. Sa colique le tourmentoit beaucoup, et je le laissai
sortir.

Le lendemain jeudi, il partit donc comme
il me l'avoit promis, et le samedi suivant, à
dix heures du matin, je le vis entrer dans ma
chambre avec sa cocarde et sa plume de pélerin. Il avoit fait le voyage de Notre-Dame de
Liesse le plus lestement du monde; plus de
saignemens de nez, plus d'oppression; sa joie
et son bonheur de se sentir aussi leste ne peut
se rendre. Avant de me quitter, il voulut me
donner ses ornemens de pélerin, « parce que,
me dit-il, ils vont croire dans mon pays que
c'est à Notre-Dame de Liesse que j'ai été guéri:
j'aurai beau leur assurer que non, ils ne me
croiront pas ». Je l'assurai qu'il m'étoit fort
égal qu'on attribuât sa guérison à son pélerinage; qu'il pouvoit garder ses plumets, et
laisser croire tout ce que l'on voudroit; que,
quant à moi, il me suffisoit de le voir parfaitement rétabli. Je lui souhaitai continuation
de bonne santé; et après avoir embrassé de
bon cœur tous ses médecins, il est parti, bien

résolu de faire encore les huit lieues qu'il y a d'ici chez lui , dans la journée ; ce que je ne doute pas qu'il n'ait fait très-aisément. Je n'en ai pas entendu parler depuis.

La maladie de *Caron* étoit , sans contredit , du genre de celles qu'on peut appeler *chroniques* , puisqu'elle datoit de huit ans d'ancienneté ; la guérison s'en est opérée cependant dans le court espace de huit jours. J'attribue cette promptitude à l'état de souffrance habituelle où étoit cet homme : la nature chez lui ne s'étoit pas encore amortie ; elle faisoit continuellement des efforts pour se débarrasser de ses obstacles. Il est à croire que ce combat n'auroit pas duré long-temps encore , et se seroit terminé au désavantage du malade.

Un état de langueur , de malaise universel , de foiblesse totale , est ordinairement la suite de pareilles maladies longues et douloureuses , que les moyens ordinaires de la médecine n'ont pu soulager. Dans ce dernier cas , l'on auroit tort de s'attendre à des succès aussi prompts par le magnétisme , que ceux que j'ai obtenus à l'égard de *Caron*.

Cet homme étoit d'une sensibilité singulière aux effets du magnétisme. Je ne pouvois rien toucher de ce qui l'approchoit, qu'il ne s'en aperçût sur-le-champ ; ses mouchoirs, ses vêtemens lui sembloient dès lors insupportables ; il s'en débarrassoit comme de choses qui lui auroient exhalé une odeur empestée. Si je touchois le siége sur lequel il étoit assis, il étoit obligé de s'en éloigner sur-le-champ. Cette susceptibilité est toujours un très-bon signe pour la promptitude des cures ; et si l'on ne se permettoit pas d'abuser quelquefois de l'état singulier de pareils individus, pour satisfaire une vaine curiosité et faire ce qu'on appelle *des expériences*, on obtiendroit plus souvent des guérisons promptes et assurées, qui, pour *de bons magnétiseurs*, doivent toujours être les seuls résultats désirables.

Traitement d'une obstruction à la région de l'estomac.

LE nommé Charles-François *Amé*, âgé de quatorze ans, de la paroisse de Chacrise, manœuvre-maçon de son métier, est venu le 4 mai, sur les deux heures après-midi, se faire magnétiser pour un mal de dents qu'il ressentoit depuis midi. J'étois à table ; de sorte que Ribault entreprit de le guérir, et le magnétisa. Au bout d'un quart d'heure, il vint me dire que ce petit garçon étoit tombé en crise entre ses mains. Nous jugeâmes qu'il falloit qu'il eût d'autres maux que celui qu'il nous avoit déclaré. Pendant le temps que Ribault dîna, il me le laissa entre les mains. Ce petit malade ne ressentoit plus de maux de dents, et étoit très-foible. Sur la question que je lui fis où étoit le siége de son mal, il me répondit qu'il y avoit un an, qu'en portant des pierres sur son estomac, il s'étoit donné un effort, et que depuis six mois il s'y étoit amassé de l'humeur ; ce qui lui occasionnoit des maux d'estomac habituels. — Croyez-vous guérir bientôt? lui demandai-je. — Oui, Monsieur, me répondit-il en me prenant la main ; après demain, à quatre heures et demie du soir, je serai guéri. La suite de ses indications fut qu'il ne falloit le magnétiser que deux fois ; savoir, le lendemain à dix heures et demie, après être resté attaché à l'arbre depuis sept heures du matin, et une seconde fois le surlendemain. Il demanda, au bout de trois quarts d'heure, que Ribault vînt le sortir de sa crise; ce qui fut fait.

Le lendemain vendredi, il fut se mettre à l'arbre à l'heure indiquée par lui; et, à dix heures et demie, Ribault l'y mit en crise en moins de deux minutes. Sitôt qu'il y fut, il recommanda bien qu'on ne l'y laissât pas plus d'une demi-heure; il ne falloit pas le quitter un seul instant, indiquant lui-même les endroits où il étoit bon de le magnétiser, soit en frottant, soit en actionnant une partie ou l'autre de son corps. Il ordonna qu'à neuf heures et demie précises on le magnétisât une seconde fois, et le samedi à sept heures du matin (*); qu'à onze heures trois quarts, le samedi, son mal de dents lui reprendroit; qu'alors il falloit qu'on le touchât pour le lui faire passer; ce à quoi l'on parviendroit, mais sans pouvoir le mettre en crise, et qu'à deux heures il seroit magnétisé pour la dernière fois.

A neuf heures et demie, Ribault le mit en crise en aussi peu de temps que le matin. Nous fûmes témoins de cette crise, et pûmes lui faire différentes questions : il ne me répondoit pas plus qu'à un autre; de sorte qu'il fallut que je me fisse mettre en rapport avec lui par Ribault; après quoi je lui demandai si je ne pourrois pas continuer à le magnétiser. « Non pas, me ré-

______

(*) Ceci contrarioit son premier aperçu.

G

pondit-il, il faut que ce soit toujours le même ;
M. Ribault a commencé, il faut qu'il me finisse ».
Comme il indiquoit très-ponctuellement les
heures, tant de sa crise que de son réveil, je
lui fis la question, s'il étoit nécessaire de suivre en cela ses indications. — Très-nécessaire,
me répondit-il ; si on ne les suivoit pas, cela
me feroit beaucoup de mal. — En est-il de même
pour tous les malades ? — Non, il y en a beaucoup à qui cela ne feroit rien ; mais quand ils
le demandent, il ne faut jamais y manquer.
— Pourquoi faites-vous lever et baisser la main
sur votre estomac ? — C'est le mal qui m'indique
cela. Quand on lève la main, cela tire le mal ;
et quand on la baisse, cela l'appaise ; quand
on le frotte, ça le fait bouillonner. — Sentez-
vous quelque chose qui entre en vous quand
on vous magnétise ? — Non, me dit-il, il
n'entre rien ; mais cela me soulage et me fait
du bien.

Au bout d'une demi-heure, il fit regarder à
la montre, parce qu'il étoit sûrement temps de
l'éveiller ; ce qui fut fait à la minute.

Le samedi, à sept heures du matin, il fut
mis en crise comme ci-dessus, et demanda
qu'on ne l'y laissât que trois quarts d'heure ;
il avoit grand soin, comme la veille, de diri-

ger tous les mouvemens de son magnétiseur.
Comme il avoit l'air de souffrir beaucoup, on
ne lui faisoit aucune question. Au bout de dix
minutes, s'ennuyant apparemment du silence
qu'on observoit avec lui, il demanda pourquoi
l'on ne lui parloit pas. Alors on se permit de
lui faire des questions. — Voyez-vous bien votre
mal? — Oui, il est comme un tourbillon d'humeurs qui tourne dans mon estomac. — Pour-
riez-vous voir celui des autres? — Non pas
aujourd'hui; hier je l'aurois pu, si vous l'aviez
voulu. — Cette humeur est-elle venue sitôt que
l'effort s'est fait? — Non, mais seulement six
mois après. — Si l'on vous eût magnétisé avant
que le dépôt se fût formé, eussiez-vous tombé
en crise? — Non, parce que ce n'est qu'à cause
de l'humeur que je puis y tomber. — C'est donc
l'humeur qui fait tomber en crise de somnambulisme? — Oui, pour peu qu'il y en ait, on peut
y tomber. — Pourroit-on se mettre soi-même
dans l'état où vous êtes? — Cela seroit très-
difficile : pour moi, je pourrois bien, en allant
et l'embrassant pendant cinq minutes, y tomber tout seul. — Est-ce que tous les arbres ont
cette propriété? — Non. — D'où vient donc cette
vertu particulière à l'arbre de la fontaine? —
C'est que M. de P. la lui à donnée. — Com-

ment existe-t-elle dans l'arbre ? — *Elle produit dans les racines , et monte avec la sève.* — Quand Ribault vous a mis en crise , est-ce par sa vertu particulière , ou par celle de M. de P. ? — C'est par celle que M. de P. lui a donnée. — Mais si , lorsque vous êtes venu pour la première fois , tout autre vous eût magnétisé , vous auroit-il mis en crise ? — Oui , s'il avoit eu les principes.

Il avoit grand mal à la tête. Interrogé d'où lui venoit ce mal : — De l'estomac , répondit-il. — Est-ce qu'il y a une communication entre l'estomac et le cerveau ? — Oui. — Qu'est-ce que c'est ? — C'est un tuyau. — Quel chemin prend-il ? Alors il indiqua , pour toute réponse , le chemin du *grand sympathique* gauche. Interrogé par où il voyoit son mal : — Par le bout des doigts. — Il faut donc que vous vous touchiez pour connoître votre mal ? — Oui. — Pourroit-on vous réveiller avant l'heure que vous avez indiquée ? — Non , cela seroit impossible; je le pourrois moi-même en me frottant les yeux bien fort ; mais cela me feroit mal.

Au bout de trois quarts d'heure , il se fit réveiller comme à l'ordinaire , après avoir dit qu'il falloit qu'il fût à l'arbre ou au baquet jusqu'à dix heures et demie.

A onze heures trois quarts précises, le mal
de dents lui prit, qui céda, en un quart d'heure,
à l'effet du magnétisme, sans que l'on ait pu le
mettre en crise.

A deux heures, il fut mis en crise pour la
cinquième fois, et demanda à y rester trois
quarts d'heure. Ses réponses étoient si intéressantes, et nous étions si sûrs de ne pas lui nuire,
que nous lui fîmes les questions suivantes. La
première lui fut faite par Ribault; savoir, si je
pourrois le toucher pendant qu'il iroit dîner?
«Oui, lui répondit-il, si vous le voulez; mais
pas plus d'un quart d'heure ». Pendant ce temps,
je fus obligé de suivre toutes ses indications,
comme Ribault avoit coutume de faire, et il
m'indiqua différentes manières de magnétiser
auxquelles je n'étois point accoutumé. Le quart
d'heure expiré, ne voyant pas Ribault, il le
demanda avec impatience, et je le remis entre
ses mains.

Comme il m'avoit fait mettre plusieurs fois
le pouce sur son front, il lui fut demandé si
l'effet étoit plus fort qu'avec la main entière.
— Oui, répondit-il, il est plus violent. — Quel
est donc le doigt le plus fort de toute la main? —
C'est le pouce, ensuite le petit doigt, puis les
deux intermédiaires, et celui du milieu, nul;

que quant à sa vision par les doigts, c'étoit la même chose. Comme Ribault magnétisoit un sourd, il lui demanda la manière la plus avantageuse de le toucher. « C'est avec le pouce d'une main dans l'oreille, et le petit doigt dans l'autre ». Le petit *Amé* voulut ensuite qu'on me laissât seul avec lui, pour me communiquer un secret qu'il ne pouvoit dire qu'à moi. Tout le monde étant rentré, il fit entendre à Ribault que c'étoit une espèce de grâce qu'il m'avoit faite de se laisser toucher par moi pendant un quart d'heure.

Au bout du temps marqué, il se fit sortir de crise, après avoir demandé qu'on l'y remît encore à quatre heures moins un quart jusqu'à quatre heures ; que jusqu'à quatre heures et demie on le mît au baquet avec d'autres malades, et qu'alors il seroit totalement guéri. Ces deux indications furent suivies à la lettre ; et le lendemain, ne souffrant plus du tout, il fut impossible à Ribault de produire sur lui le moindre effet (10).

La suite du traitement très-court du petit *Amé* présente le meilleur exemple à suivre pour la conduite d'un malade devenu somnambule. Avant lui, je n'avois pas imaginé qu'il fût aussi

avantageux , et même aussi nécessaire de consulter les êtres magnétiques sur les heures comme
sur la durée de leur crise ; c'est au petit *Amé*
que je dois cette perfection ; et depuis, je n'ai pas
manqué de suivre à la lettre la marche qu'il m'a
indiquée dans toutes les occasions.

Ce même enfant m'a bien confirmé aussi dans
l'idée que j'avois de la nécessité de ne point
mêler dans un traitement l'action de plusieurs
magnétiseurs. *C'est Ribault qui m'a commencé* , me dit-il , *il faut qu'il me finisse.*
L'esprit de politique et d'intérêt ne lui avoit
certainement pas dicté cette réponse , mais bien
la sensation impérieuse de son bien-être.

Cette difficulté de conserver l'unité de principe dans les traitemens nombreux , administrés
par une société de magnétiseurs , me porte à
les regarder comme très-équivoques. Il est si
difficile de soumettre les opinions et les actions
de plusieurs à la volonté d'un seul ! Aussi
remarque - t - on qu'il s'opère moins de cures
satisfaisantes dans les traitemens publics que
dans les traitemens particuliers. Un seul magnétiseur , je le sens bien , ne peut pas soigner
vingt - cinq malades ; et lorsque son humanité
le porte à ne refuser personne , il lui faut bien
quelqu'un pour l'aider : mais dans ce cas , je

le répète , il ne doit s'entourer absolument que de gens qui lui soient subordonnés. La diversité des opinions apporte tellement de contrariété dans les actions, qu'à moins d'avoir avec soi un être absolument passif, on n'obtiendra jamais, en commun, des succès bien éclatans.

Au reste, l'expérience apprendra, peut-être avant peu, qu'il est plus avantageux de ne pas réunir beaucoup de malades ensemble. Le baquet n'est pas de première nécessité, et l'on est toujours assez fort pour magnétiser un seul malade. Je connois plusieurs magnétiseurs qui agissent ainsi d'une manière isolée, et qui obtiennent les résultats les plus satisfaisans. S'ils veulent employer le renforcement de la chaîne, ils la font former par les parens ou amis du malade. L'effet de cette chaîne n'en devient que plus efficace, étant composée de gens tous sains et bien portans.

Ce que le petit *Amé* m'a dit sur les différentes propriétés des doigts de la main pour faire ressentir plus ou moins d'effet à un malade, m'a singulièrement frappé. M. Mesmer nous avoit dit la même chose, et certes ce jeune enfant n'en pouvoit avoir la moindre idée. Si ce phénomène a véritablement lieu, ce ne sera que par la conformité des rapports des somnambules, que nous pourrons en avoir la certitude (11).

Quant à la vision des somnambules, elle varie beaucoup. Le petit *Amé*, par exemple, disoit avoir besoin de ses doigts pour voir, ou plutôt pour sentir où étoit son mal. C'est le seul qui m'ait offert cette particularité; tous les autres, sans ce moyen, savent très-bien se connoître, et se servent également du mot *voir*, à la place de celui *savoir* ou *sentir* telle ou telle chose. Il faut cependant se rappeler que ce sont ici des paysans qui parlent. Lorsqu'il m'est arrivé de mettre des personnes instruites, ou que l'éducation mettoit dans le cas d'apprécier le sens des mots, dans l'état de somnambulisme magnétique, je les ai toujours entendues accuser la pauvreté de la langue pour exprimer leur sensation, et pour l'ordinaire se servir du terme de *savoir*, *être bien sûres de ce qu'elles me disoient*, sans pouvoir trouver de mots assez significatifs pour rendre leurs idées.

Quoi qu'il en soit de l'espèce de sensation que, dans l'état de somnambulisme, la classe d'hommes la plus simple désigne sous le terme de *voir*, je crois que le phénomène de notre vision, dans l'état naturel, peut nous en donner un léger aperçu. Notre vision n'est autre chose qu'une sensation que nous procurent les objets extérieurs : c'est par le canal des nerfs que nous viennent toutes les sensations ; et de tous nos nerfs, il n'est que celui qu'on nomme *optique*, qui, par sa susceptibilité, puisse nous procurer la sensation de la vision. Tous les objets extérieurs néanmoins se présentent également aux autres nerfs ; mais à moins d'un tact immédiat, ils n'y produisent aucun effet. Si donc, dans l'état de somnambulisme, dans cet état si peu connu, quoiqu'infiniment commun, il en arrive tout autrement ; si le somnambule, quoiqu'avec les yeux hermétiquement fermés, marche, évite les obstacles qui se rencontrent, lit, écrit, et fait enfin autant et même plus de choses qu'il n'en pourroit faire dans son état naturel, il faut bien certainement qu'il voie, non par le nerf optique, puisqu'il est caché, mais par d'autres nerfs devenus d'une susceptibilité telle, qu'ils rapportent à son âme une sensation absolument analogue à celle de la vision. Comment s'opère cette vision ? quels sont les nerfs qui la procurent dans cet état singulier ? C'est ce que je ne puis hasarder de déterminer ; mais à coup sûr ce phénomène existe, puisque, sans cela, les somnambules ne verroient pas. Or, je ne pense

pas que personne puisse leur refuser cette propriété.

Traitement de coliques fréquentes depuis
quatre ans , après une couche difficile.

La nommée *Charlotte* , femme Vidron ,
étoit sujette à des coliques affreuses ; elle jetoit
les hauts cris , se rouloit par terre , et ses crises
de souffrances finissoient par un accablement
très-grand.

Il y avoit quatre ans que cette femme étoit
attaquée de cette maladie , dont elle ignoroit
absolument la cause.

Le lundi 16 mai , je l'ai magnétisée et l'ai
fait tomber en somnambulisme magnétique.
Comme elle souffroit beaucoup dans cet état ,
et qu'elle-même ne pouvoit pas encore me
rendre un compte exact de sa situation , je con-
sultai une fille , aussi somnambule , qui me
détailla ainsi sa maladie. « Cette femme , me
dit-elle , a un embarras de sang dans le corps ,
provenant d'un reste de couche. Vous pouvez
l'en débarrasser ; mais ce ne sera pas sans lui
occasionner de très-grandes souffrances. Servez-
vous , m'ajouta-t-elle , de *bouteilles ;* faites-

vous aider par quelqu'un, afin d'actionner en même temps l'estomac et les reins. Elle vous dira de la laisser tranquille, elle se plaindra vivement du mal que vous lui ferez ; ne l'écoutez pas, continuez toujours : mais arrêtez-vous au bout de dix minutes ; car elle n'auroit pas la force de supporter cet effet plus long-temps ».

J'obéis sur-le-champ à cette indication, et je fis souffrir à *Charlotte* des maux inouïs, que jamais je n'aurois pu me permettre d'entretenir, si je n'y eusse pas été encouragé par la consultation ci-dessus. Au bout des dix minutes, je m'arrêtai ; et la malade, une fois sortie de crise, ne conserva pas la moindre trace de ses souffrances passées.

Du 16 au 21, cette femme fut magnétisée deux fois par jour, et à chaque séance, supporta l'opération des deux bouteilles, accompagnée des mêmes souffrances. Elle étoit devenue clairvoyante sur son état ; et après m'avoir confirmé les indications de la première somnambule, elle m'avoit ajouté qu'il étoit bien heureux pour elle d'être venue au magnétisme ; qu'elle n'auroit pas vécu deux mois dans l'état où elle étoit. Sur le détail que je lui demandai de me faire de sa maladie, elle me dit qu'il étoit resté dans son corps du *délivre* de son avant-dernière couche , qui n'avoit pu se détacher, malgré qu'elle fût accouchée heureusement depuis. J'avois beaucoup de peine à croire une pareille déclaration ; mais elle me l'a tant répétée affirmativement à plusieurs reprises , et tant assuré qu'il ne lui restoit aucune incommodité de sa dernière couche, qu'elle m'a forcé de le croire. Enfin , cette femme , prévoyant dans ses crises le terme de ses maux , souffroit avec courage les douleurs que lui occasionnoit le magnétisme des bouteilles , et m'éclairoit sur l'effet qu'il produiroit.

Le 21 , *Charlotte* prit une médecine ordonnée par elle. Elle avoit annoncé, pour ce même jour, un vomissement de sang , qui effectivement eut lieu avant l'heure de sa médecine. Le 23 , elle prit une seconde médecine , qui lui procura , de même que la première , de très-fortes évacuations.

Le soir du 23 , elle me dit que sa maladie ne dureroit pas bien long-temps ; que le mercredi suivant 25 , il lui faudroit encore une dernière médecine , et qu'alors elle sauroit le jour définitif de sa guérison.

Le 24 , un bouillon magnétisé qu'on lui

donna, la purgea tellement, qu'elle remit au 26 sa dernière médecine.

Le 25, elle nous dit qu'il n'y avoit plus de sang dans son corps, mais seulement un peu de bile.

Le 26, dernière médecine magnétisée. J'oubliois de dire qu'elle vouloit toujours être en crise pour prendre médecine, parce que, de cette manière, elle prétendoit que sa répugnance n'étoit pas aussi forte, et qu'elle ne connoit pas le risque de la rejeter. Pour obéir donc à ses intentions, il falloit que *Clément* allât le matin chez elle, comme pour savoir de ses nouvelles, et tout en lui parlant, il la rendoit somnambule : aussitôt il lui faisoit prendre sa médecine ; un quart d'heure après, il la sortoit de crise, et lui apprenoit alors ce qu'elle venoit de faire ; ce qui, comme on peut aisément le croire, la surprenoit toujours également.

Le soir du 26, elle annonça que le lendemain elle seroit guérie, et que le 28 elle ne tomberoit plus en crise. En effet, le 27, après une demi-heure dans l'état magnétique, elle se réveilla toute seule. Elle a repris depuis de la force et de l'embonpoint, et n'a plus été susceptible du magnétisme.

Comme je suis persuadé que ce n'est que la quantité de faits observés avec soin, qui pourront avancer les progrès des lumières dans la pratique du *magnétisme animal*, je raconte, avec la fidélité la plus scrupuleuse, les faits et dires des somnambules magnétiques que j'ai observés. Ce que *Charlotte* m'a dit de la cause de ses coliques, m'a paru incroyable : je n'imagine pas comment cette femme a pu conserver en elle aussi long-temps une partie du délivre de son avant-dernier enfant, et, supposé même que cet accident ait eu lieu, comment, en accouchant depuis, elle n'en a pas été délivrée. Je crois plutôt que tout son mal ne venoit que de règles arrêtées, ou d'embarras quelconque dans la matrice ; mais enfin ce sont ses expressions même que je rapporte. La nature, au reste, offre tant de variétés, que je ne me permets pas de juger impossible ce que je ne sais pas, et encore moins ce que je ne comprends pas.

Charlotte a été, de tous mes malades, celle sur laquelle j'ai fait usage, avec le plus de succès, du magnétisme à une certaine distance. Sitôt qu'elle étoit en crise, je pouvois la quitter et m'en aller à l'autre bout du château, sans cesser pour cela d'agir également sur elle. Plusieurs fois, lorsque je m'absentois ainsi, je mettois quelqu'un en relation avec elle, afin de pouvoir être instruit de ses diverses sensations. Cette femme alors étoit tourmentée, se plaignoit des souffrances que je lui occasionnois, comme si j'eusse été près d'elle, et me prioit de la laisser. Si on la questionnoit alors sur la distance où j'étois, elle en rendoit un compte exact, et particularisoit même le lieu d'où je la magnétisois.

L'impossibilité de magnétiser *de loin* n'est plus à présent un problême pour toutes les personnes qui pratiquent le *magnétisme*. C'est encore là une chose de fait dont l'expérience seule peut donner la certitude, et qu'il est impossible de persuader par des raisonnemens.

C'est donc aux hommes qui connoissent cette petite partie de leur pouvoir, que je m'adresse pour leur recommander de nouveau la plus grande discrétion dans l'usage qu'ils en pourront faire. Il est infiniment plus pénible d'agir avec constance et sans distraction sur un être qu'on ne voit pas, que sur un être qu'on voit et qu'on peut toucher à chaque instant. De plus, à moins de ressentir soi-même la sensation de l'effet qu'on procure, on ne peut le déterminer : d'où il doit s'ensuivre une vacillation

et un vague, qui souvent peuvent devenir nuisibles au malade.

En outre de cet inconvénient, il en est un
autre beaucoup plus à craindre, qui est le
risque qu'une cause étrangère quelconque ne
vienne déranger l'effet que l'on produit de *loin*.
Si l'effet que l'on produit, par exemple, est
celui du somnambulisme, on sait assez combien cet état paisible est susceptible d'être
troublé par la moindre circonstance étrangère ;
ce qui alors peut causer un désordre vraiment
fâcheux.

Si le malade au contraire n'entre pas dans
l'état de somnambulisme, on peut produire
chez lui des effets utiles à sa curation, mais
souvent inquiétans pour les personnes avec lesquelles il se trouve, et qui, par un intérêt
aveugle, peuvent quelquefois employer des
moyens étrangers pour le soulager, et déranger par-là l'effet avantageux que le malade auroit dû éprouver.

On ne doit donc employer, à mon avis, le
magnétisme sur un malade à une certaine distance, qu'autant qu'on est bien certain qu'aucune circonstance étrangère ne pourra lui nuire ;
et le moyen d'en être plus sûr, est de pré-
venir le malade des heures où l'on agira

sur lui. On doit de plus avoir l'attention, en achevant de le magnétiser ainsi, de *calmer ou de terminer la crise* ou l'effet qu'on lui a procuré, comme si on l'eût *touché* effectivement ; car, sans cette précaution, il arriveroit nécessairement du désordre dans la suite de son traitement.

Les magnétiseurs assez éclairés sur leur *sensation* pour connoître au tact le siége et la cause des maladies, portent aussi leur connoissance, m'a-t-on dit, jusqu'à *sentir* et *pressentir* même l'effet qu'ils produisent ou vont produire sur les malades qu'ils magnétisent. S'il en est ainsi, les précautions dont j'ai parlé ci-dessus ne seront pas pour eux d'une aussi grande conséquence que pour les magnétiseurs qui, comme moi, n'*ont aucune sensation*. J'avoue que, depuis l'année dernière, je n'ai *ni* cherché, *ni* désiré d'en acquérir. Mon ignorance sur cet article ne me porte point au reste à blâmer l'étude qu'on peut faire de ses sensations. Je sens que la manière d'administrer le *magnétisme* d'après ses propres lumières, doit paroître plus satisfaisante que celle d'agir aveuglément comme je le fais. Les magnétiseurs, dont le tact est *exercé*, se passent aisément du *somnambulisme magnétique*, et désirent fort peu de l'obtenir dans leur traitement ; moi, au contraire, je sens que, sans ce secours, je n'aurois jamais la moindre certitude des effets que je produis.

Lorsqu'il m'est arrivé de guérir plusieurs malades sans les rendre *somnambules*, j'ai senti qu'il m'étoit nécessaire d'en rencontrer quelques-uns qui le devinssent pour affirmer ma foi. Au défaut de *sensation* enfin, c'est pour moi la preuve la plus convaincante et la moins suspecte de l'existence de *l'agent magnétique*, ainsi que de ma puissance pour en faire un bon usage.

C'est après beaucoup de temps et d'expériences, qu'il sera possible de décider affirmativement lequel est le plus avantageux de s'en rapporter à son *tact* dans l'usage du *magnétisme*, ou de négliger entièrement de le reconnoître, comme je fais. La plus grande quantité et la promptitude des guérisons pourront servir d'indications.

Mes doutes sur ce point important m'empêchent de faire part des raisons qui me déterminent, quant à présent, à ne point chercher à m'en rapporter à moi-même sur les effets que je dois produire en *magnétisant*.

Suite du traitement de Catherine Monte-
necourt.

CATHERINE *Montenecourt* avoit dit que
ce ne seroit qu'au *printemps* qu'elle recouvre-
roit entièrement sa santé : en conséquence je
la reçus à mon traitement le 20 avril. Elle
avoit eu pendant l'hiver quelques *rhumes* qui
avoient beaucoup fatigué sa poitrine ; une *saignée*, qu'on avoit eu l'imprudence de lui faire,
avoit nui aussi au retour périodique de ses
règles ; et à ces dernières époques, elle avoit
éprouvé d'assez violentes coliques.

Dès sa première *crise*, elle m'apprit tous ces
détails : deux ou trois jours après, elle me dit
que son époque commenceroit à se manifester
le 27, comme à l'ordinaire ; mais qu'elle s'arrê-
teroit presqu'aussitôt, pour ne reprendre son
cours que les premiers jours de mai.

Le 27, en effet, sa prédiction eut lieu,
et le soir elle me dit que ses règles ne repa-
roîtroient que le mardi 3 mai, et que l'ap-
parition qu'elle avoit eue, n'avoit fait qu'en

désigner à l'avenir l'époque constante (*).
Elle m'ajouta que, le vendredi 6 mai, elle
seroit si bien guérie, que je ne pourrois plus
la remettre *en crise*. Sa poitrine s'étoit aussi
dégagée peu à peu ; elle avoit rendu, de temps
en temps, du *pus* dans ses crachats ; sa toux
étoit moins fréquente ; et, le 28, elle me dit
que le premier mai elle n'auroit plus de mal
à la poitrine.

Le lundi 2 mai, sa poitrine étoit rétablie.

Le lendemain matin, ses règles parurent :
elle se portoit bien, et je me félicitois d'a-
vance de sa guérison radicale, qu'elle m'avoit
prédit devoir se terminer le *vendredi* suivant.
Je la mis cependant en *crise* sur les onze heures
du matin, plutôt pour ajouter à son bien-être,
que pour avoir de nouvelles indications sur son
état, que je croyois le meilleur possible : mais
au bout d'un quart d'heure, à ma grande surprise, elle me dit qu'à mesure que son estomac
se débarrassoit, elle découvroit encore en elle
un *mal nouveau.* — Comment, lui dis-je,
encore quelque chose ? mais cela ne finira donc
jamais ? — Monsieur, me répond-elle, c'est

(*) On doit entendre que ces époques se rapportent
au mois lunaire.

aujourd'hui la répétition de ce qui m'est arrivé l'automne dernier, où je n'ai vu mon mal aux *poumons*, qu'après que mon *estomac* a été dégagé de nouveau ; je découvre en moi les approches d'un violent *point de côté* qui me prendra *lundi prochain*, et dont je serai bien malade. — Quelle est la cause de cette nouvelle maladie ? — J'ai été cet hiver, par de très-grands froids, soigner ma mère dans une maladie qu'elle a eue ; j'ai eu froid et chaud successivement, et c'est une *pleurésie* que je vais avoir. — Cela va-t-il nuire à votre état présent ? — Non, pourvu que vous empêchiez le point de côté de se faire sentir. — Mais vous aviez dit que vous seriez guérie *vendredi*, et que je ne vous ferois plus tomber en *crise ?* — Je vous le répète encore ; *vendredi* après midi, vous ne pourrez plus me mettre en crise : *samedi, dimanche* et *lundi* matin, je croirai être bien rétablie ; mais *lundi*, à onze heures et demie, le *point de côté* me prendra avec violence ; j'aurai la fièvre très-fort, avec une respiration gênée, et les mouvemens de nerfs qui s'y joindront, empêcheront peut-être que vous puissiez me mettre en crise. — Je tâcherai d'y parvenir. — Je vous en prie bien, Monsieur, car sans cela je serois en danger de mourir.

Elle m'ajouta de ne pas lui parler de cela dans son état naturel, parce que l'inquiétude qu'elle en auroit pourroit lui causer une suppression.

Revenue à elle, notre conversation passée n'étoit plus présente à son esprit, et elle passa fort tranquillement le reste de la journée.

Dans ses *crises*, elle me reparloit de son mal à venir, et me tranquillisoit sur les inquiétudes que je lui en marquois. Elle me dit, entr'autres choses, que si la maladie tournoit heureusement, le *jeudi* d'après, 12 mai, elle en seroit quitte, et que le samedi ou le dimanche d'ensuite, elle ne seroit plus susceptible de recevoir aucune impression magnétique.

Le soir elle étoit très-tranquille, et fut se coucher dans l'état naturel.

A onze heures, comme j'allois me mettre dans mon lit, on vint me dire que *Catherine* souffroit beaucoup de la *tête* et du *côté*, et qu'elle me faisoit prier d'aller la trouver. J'y cours, et la trouve très-souffrante et très-inquiète. Je lui dis ce qui me vint dans l'idée pour la tranquilliser, et je me mis tout de suite à la *magnétiser*. Elle eut des mouvemens de nerfs assez forts, qui m'inquiétoient d'autant plus, que je ne pouvois parvenir à la mettre en *crise*. Néanmoins, à force de peine et d'attention, je la fis entrer en *somnambulisme*. Le point de côté continuoit, et je pus lui en demander la raison. Alors elle me dit que ses *règles* s'étoient arrêtées il y avoit une heure ; qu'il falloit travailler à les faire revenir et à faire disparoître le *point de côté*, qui, si je n'y prenois garde, viendroit avant le temps, et qu'alors le *sang* et la *bile* se mêleroient ensemble, et feroient de grands ravages chez elle. Elle avoit, pendant cet entretien, posé ma main sur son côté, et il me fallut près d'une demi-heure pour appaiser ses douleurs, ainsi que les mouvemens de nerfs qu'elle ressentoit à chaque respiration. Au bout de ce temps, elle me dit que son sang commençoit à redescendre ; et lorsqu'elle fut certaine de son état, je lui *ouvris les yeux*. Elle ne souffroit plus du tout, et je la quittai.

Elle passa le mercredi 4 mai, fort tranquillement, à quelques petites douleurs de côté près, que je lui faisois passer dans des momens très-courts de *crises magnétiques*.

Dans son état naturel, elle n'avoit aucune idée de sa maladie à venir, comme je l'ai déjà dit ; elle-même m'avoit bien prié de ne lui en pas parler, ni souffrir que d'autres lui en parlassent.

Le *jeudi*, même état et même bien-être que la veille. Dans une de ses crises, pendant laquelle elle s'occupoit de sa maladie future, elle me dit que le *lundi* elle déjeûneroit de bon appétit, sans se douter de rien, et qu'à onze heures et demie, quand le *point de côté* se feroit sentir, elle croiroit seulement que son déjeûner lui feroit mal, et qu'elle ne seroit pas inquiète ; que, malgré la fièvre qui lui prendroit sur-le-champ, il ne faudroit pas la faire *coucher* d'abord, et que, depuis le lundi jusqu'au jeudi, je ne devois pas lui permettre de manger la moindre chose, sans quoi elle seroit perdue sans ressource.

Le *vendredi*, elle tomba encore en *crise*; mais ce n'étoit que pour des instans, et sans aucune *vision* intérieure ni extérieure.

Le *samedi*, les maux de tête et de côté se faisoient fréquemment sentir ; et lorsqu'elle me prioit de les lui faire passer, elle devenoit dans l'*état magnétique* comme à l'ordinaire ; ce qui étoit contraire à sa prédiction. Ne voulant pas lui causer la moindre inquiétude, je la réveillois sitôt que ses douleurs étoient passées, en affectant, à son réveil, de la vouloir mettre en crise ; de sorte qu'elle demeuroit persuadée

qu'elle n'y tomboit plus. Ses règles ne s'arrê-
tèrent que ce jour-là.

Le *dimanche* 8 mai , elle fut plus souffrante que la veille : sa poitrine s'embarras-
soit, et elle étoit fort inquiète ; ce qui me fit lui
dire , pour la tranquilliser , qu'elle auroit un
petit *accès de fièvre* dans le commencement
de la semaine prochaine , et que ce qu'elle ressentoit en étoit apparemment les approches. Elle
ne fut pas très-satisfaite de la nouvelle que
je lui apprenois ; mais de voir que je savois
la cause de ses souffrances , la tranquillisa un
peu.

Enfin le *lundi* 9 mai , après s'être levée
moins souffrante qu'elle n'étoit la veille , et
être restée assez gaie jusqu'à onze heures , elle
fut se mettre dans son lit avec un *grand mal
de tête ,* et tous les symptômes bien caracté-
risés de la maladie qu'elle m'avoit annoncée ,
c'est-à-dire , d'une *pleurésie* jointe à une
fluxion de poitrine. A onze heures et demie ,
quand je la fis chercher , on me dit qu'elle étoit
couchée ; de sorte que je ne pus suivre l'ordre
qu'elle m'avoit donné de la tenir levée pendant quelque temps. Je travaillai aussitôt à
calmer ses douleurs de côté , et cherchai à la
mettre en crise. C'étoit ordinairement l'affaire

de trois minutes ; mais cette fois là je fus près d'une demi-heure à me fatiguer inutilement. J'étois près enfin d'y renoncer, quand, pour son bonheur, je la vis sensible à l'émanation *magnétique*. Je continuai, et j'eus la satisfaction de la mettre dans l'état complet de *somnambulisme :* alors elle me renouvela l'ordonnance de son traitement pendant sa maladie. Il falloit la *magnétiser* toutes les trois heures, parce qu'elle ne resteroit pas longtemps en crise chaque fois ; et quant à sa boisson, il ne falloit lui donner que de l'eau rougie pour toute nourriture jusqu'au jeudi à midi, sans souffrir qu'elle mangeât la moindre chose, et la refuser, quand même, étant *en crise*, elle nous demanderoit à manger.

Elle fut *magnétisée* quatre fois dans la journée par *Ribault* et par *Clément*. Vers le soir, le transport et le délire troublèrent sa tête, elle se plaignoit du mal qu'on lui faisoit, demandoit à s'en aller chez sa mère, et autres propos déraisonnables.

Dans son état naturel, elle vouloit d'autres boissons pour adoucir sa poitrine, disant qu'il n'y avoit pas de bon sens à ne lui donner que de l'eau ; elle alloit même jusqu'à en pleurer, et à dire qu'apparemment on la regardoit comme désespérée, puisqu'on ne lui donnoit rien pour la guérir.

Une fois dans l'*état magnétique*, elle confirmoit son ordonnance précédente, et supplioit qu'on ne l'écoutât point quand elle demanderoit autre chose que de l'eau rougie. Enfin, elle étoit alternativement malade, ignorante et inquiète, et le quart d'heure d'après, médecin consolateur et instruit.

Clément la veilla toute la nuit, pendant laquelle elle eut souvent des délires.

Le *mardi* et le *mercredi*, continuation des souffrances, et délire violent. *Clément* et *Ribault* la veilloient alternativement, et la mettoient, de temps en temps, dans *l'état magnétique*, pendant lequel elle extravaguoit autant que dans son état ordinaire. Quand elle reprenoit sa raison, le premier usage qu'elle en faisoit, étoit pour avertir qu'elle perdoit la tête à tous momens; qu'il ne falloit faire aucune attention à tout ce qu'elle pouvoit ou dire ou demander, jusqu'à midi du jeudi.

Lorsqu'elle n'étoit point dans l'*état magnétique*, on la voyoit quelquefois dans une apparence trompeuse de tranquillité; témoin ce qui lui arriva le mardi soir sur les neuf heures, où ses gardiens en furent la dupe. Après avoir causé très-raisonnablement avec eux plus d'une demi-heure, elle les persuada si bien qu'elle étoit calme et mieux portante, que sur la prière qu'elle fit à tout le monde d'aller souper sans inquiétude, on consentit à la laisser seule : mais au bout d'un quart d'heure, on la voit entrer toute habillée dans la cuisine, en murmurant et grelotant de froid. Elle vouloit s'en aller, disant qu'on l'avoit abandonnée ; qu'au pied de son lit elle avoit vu quelque chose qui lui avoit fait peur ; qu'elle ne vouloit plus se coucher, et mille autres discours semblables. Il fallut me joindre aux gens qui, fort inutilement, la vouloient remener chez elle. Une fois dans sa chambre, ne pouvant parvenir à la faire coucher, je pris le parti de la mettre en crise magnétique sur la chaise où elle étoit assise. Dans cet état, alors devenant douce et raisonnable, elle se remit tranquillement dans son lit. Elle me dit ensuite qu'on avoit bien mal fait de la laisser seule, puisque, si elle eût trouvé les portes du parc ouvertes, elle se fût sauvée à Soissons comme une folle ; qu'enfin, elle n'étoit entrée dans la cuisine, que parce que le froid et la fatigue l'avoient accablée. Comme elle ne tenoit pas long-temps en crise , au bout d'un quart d'heure , elle devint déraisonnable en ouvrant les yeux.

Cet état extraordinaire dura jusque vers les six heures du matin du jeudi. Le premier usage qu'elle fit de sa raison , fut pour demander l'heure qu'il étoit , et combien il y avoit de temps qu'elle étoit dans son lit. L'état de foiblesse avoit commencé pendant la nuit ; et quand je fus la voir , je la trouvai fort abattue. La première fois de la journée qu'on la mit dans l'état magnétique , elle dit qu'à midi il faudroit lui donner une soupe aux herbes sans bouillon gras. A onze heures et demie on la lui apporta ; mais comme elle la refusoit et n'en vouloit point du tout , je crus devoir la mettre une seconde fois dans l'état magnétique , pour m'éclairer davantage. Sitôt qu'elle y fut , elle me confirma son ordonnance. « Je n'ai pas été une seule fois à la garde-robe dans tout le temps de ma maladie , me dit-elle ; la soupe légère que je vais manger va me tenir lieu de médecine. Je me réveillerai dans une demi-heure , et dans une heure et demie la soupe fera son effet ». De crainte d'une seconde transition de sa part dans son état naturel , je lui fis manger sa *soupe* à midi, sans la faire sortir de crise. Quand elle se réveilla toute seule un quart d'heure après, elle en demeura fort étonnée.

L'après-midi, dans l'*état magnétique*, elle pressentit que la fièvre lui prendroit à six heures du soir, et dureroit jusqu'à trois heures du matin. Comme sa poitrine me paroissoit embarrassée, je lui en demandai la raison. « Ce seroit ma faute, me dit-elle, si j'avois eu connoissance de ce que j'ai fait. Pourquoi m'a-t-on laissée seule *mardi* soir ? Le froid m'a gagnée, et par-là ma *poitrine* ne s'est pas dégagée comme le reste. Je vais être oppressée ces jours-ci, et ce ne sera que *dimanche* matin que je serai totalement quitte de tout ». Le *vendredi* elle alloit mieux, à son oppression de poitrine près. Comme elle s'étoit *ordonné* une diète assez austère, ses forces ne revenoient pas très-vite.

Un nouvel évènement, le soir du *vendredi*, retarda encore sa guérison radicale. Une personne qui ne l'avoit pas *magnétisée* durant sa dernière maladie, essaya de la mettre en *crise*, et y parvint : mais un moment après, *Catherine* dit que quelque chose lui faisoit mal ; que sa poitrine se bouleversoit ; et aussitôt, avec une espèce de colère , elle frotta ses yeux et se réveilla.

Un grand mal de tête et des maux de cœur succédèrent à cet état , et de toute la soirée elle ne put rester plus d'un quart d'heure en *crise*. Sur les questions que je lui fis , elle me répondit que la personne qui l'avoit touchée s'étoit trop distraite, et s'étoit même mise à rire au moment où elle commençoit à entrer dans l'état de *somnambulisme* ; que sa foiblesse étoit la cause de sa *susceptibilité* à la moindre distraction qu'on avoit eue, et que, quoiqu'on ne l'eût pas fait exprès, la révolution qu'elle avoit éprouvée n'en avoit pas moins été réelle.

Le samedi matin , 4 mai , elle resta en *crise magnétique* depuis neuf heures du matin jusqu'à onze , et se trouva mieux ensuite. Elle se fit donner du *lait* , et annonça qu'elle auroit *quatre évacuations* bilieuses dans la journée. Suivant ce qu'elle me dit , la révolution qu'elle avoit eue , avoit fait refluer de la *bile* jusque dans sa tête : elle fut en effet , comme elle l'avoit prédit , d'*un jaune* extrême toute la journée.

Elle eut des *maux de tête* jusqu'au mardi matin : la *bile* alors descendit , et il ne lui resta plus qu'un embarras léger dans la *poitrine*, qu'elle m'assura devoir se dissiper totalement le *jeudi suivant*, et que le *vendredi* elle ne tomberoit plus *en crise*. Elle ajouta, dans un de ses *états magnétiques*, qu'elle seroit peut-être obligée de prendre *une médecine*; ce qui la chagrinoit, parce que, n'ayant pas pris jusqu'à présent la moindre drogue, elle auroit voulu se guérir radicalement sans ce moyen.

Le mercredi 18, en effet, elle s'ordonna une purgation pour le lendemain. « Je pourrois bien m'en passer, me dit-elle; mais je ne veux pas avoir menti. J'ai dit que, le *vendredi*, je ne tomberois plus en crise; et cela pourroit bien m'arriver encore, si je ne prenois pas de médecine. Surtout, ajouta-t-elle, n'allez pas me le dire dans mon *état naturel*; car je m'en irois plutôt dès la pointe du jour, que de me résoudre à prendre une drogue. Si je le sais d'avance, je vous assure que je n'en prendrai pas ».

Le jeudi matin 19, pour remplir ses intentions, *Clément* fut la trouver sur les six heures. Elle dormoit profondément, de sorte qu'il put la mettre en crise sans la réveiller, et lui donner ensuite sa médecine.

I

Sur les huit heures, quelques coliques la firent apparemment sortir de l'*état magnétique* ; et une fois réveillée, elle ne savoit à quoi attribuer les douleurs qu'elle ressentoit. Elle s'en chagrinoit beaucoup, quand *Clément*, entrant dans sa chambre avec une terrine *pleine de bouillon aux herbes*, lui apprit qu'elle avoit été purgée, et la manière dont il avoit fallu qu'il s'y prît pour lui rendre ce service. Cette nouvelle la tranquillisa, et sa médecine eut son plein effet. Dans une crise qu'elle eut dans l'après-midi, elle me confirma que le lendemain elle auroit les poumons bien nets, et le corps en meilleur état qu'elle ne l'avoit jamais eu depuis l'âge de treize ans.

Elle me dit ensuite qu'il ne lui falloit aucun régime de vie particulier pour l'été ; que le *lait*, la *salade*, les *raves*, rien ne lui feroit mal, et que sa poitrine seule seroit encore foible quelque temps ; qu'en ne faisant aucun exercice violent, en évitant le froid et le chaud alternatifs, il ne lui viendroit point de rhume, et qu'elle se porteroit parfaitement bien.

Le samedi 21, elle m'a quitté, ne souffrant plus du tout, et n'étant plus susceptible de tomber en crise. Je dois cependant la revoir encore vers le 12 octobre, qu'elle m'a annoncé devoir ressentir une révolution, qui est justement celle du *bout de l'an* de sa maladie.

Catherine Montenecourt n'est venue à Buzancy que dans les premiers jours de novembre. Pendant tout l'été elle s'étoit portée à merveille; mais le 10 octobre, la révolution qu'elle avoit annoncée pour le 12, s'étoit manifestée et avoit duré deux jours. Elle étoit restée depuis fort souffrante de la tête et de l'estomac. Sitôt qu'elle fut devenue *somnambule magnétique*, elle me dit qu'il faudroit douze jours pour réparer le mal qu'elle s'étoit fait en ne venant point au terme qu'elle s'étoit fixé. Pendant cet espace de temps, elle a éprouvé différentes révolutions nécessaires, plus intéressantes à observer qu'à décrire, comme *convulsions* annoncées, *surdité*, et travail successif de *nerfs* dans presque toutes les parties de son corps. Avant de cesser de tomber en crise, elle ordonna qu'on lui fît prendre trois fois du *looch camphré*, pour raffermir, disoit-elle, des *vaisseaux relâchés* dans son corps par les efforts qu'elle avoit faits; et finalement, elle m'a quitté le 15 novembre, entièrement rétablie.

Catherine Montenecourt me dit, dans une de ses dernières crises, que si j'eusse tardé encore quelque temps à la *magnétiser*, tous ses maux anciens se seroient renouvelés. Le relâchement de ses vaisseaux ne provenoit, suivant elle, que des *attaques nerveuses* qu'elle avoit eues depuis le 10 jusqu'au 12 octobre, lesquelles, n'ayant point été aidées par le *magnétisme*, étoient devenues infructueuses pour sa guérison.

L'accomplissement de la prédiction de *Catherine Montenecourt* au bout de l'an, à peu près, du commencement de son traitement, ne me laissa point de doute, comme elle me l'a dit elle-même, que ses maux ne se fussent renouvelés, si elle n'eût point été *magnétisée* à temps. Je traite, dans ce moment-ci, une autre malade qui me prouve assez son assertion.

On peut se rappeler d'avoir lu, dans mes premiers mémoires, la cure de la nommée *Catherine Vidron*, que je croyois alors parfaitement guérie, tous les symptômes de ses maux ayant tellement disparu, que le printemps passé, ne souffrant point du tout, elle n'étoit pas même venue se faire magnétiser : mais au mois de juin 1785, qui étoit aussi l'époque du bout de l'an de son premier traitement, moi, n'étant plus à Buzancy, cette fille retomba dans le même état fâcheux où elle étoit précédemment. Aux maux de cœur et d'estomac presque continuels, et aux vomissemens journaliers, s'étoient joints en outre des convulsions fréquentes. M. M....., médecin à Soissons, fut alors appelé, et à l'aide de trente bains et de différens médicamens, il parvint à calmer pour un temps les souffrances de cette malade : mais au bout de deux mois tous ses maux avoient reparu, et elle étoit enfin, à l'époque du mois d'octobre dernier, qu'elle est venue me retrouver, dans la situation la plus déplorable.

Heureusement aujourd'hui, plus instruit que je ne l'étois lorsque j'avois commencé à traiter cette fille, qui étoit, pour ainsi dire, une des premières qui avoit manifesté chez moi le phénomène du somnambulisme magnétique ; aujourd'hui, dis-je, que je sais tirer un parti plus avantageux de ses heureuses crises magnétiques, j'espère, à force de soins, de persévérance et d'exactitude à suivre toutes les indications qu'elle me donne, la guérir définitivement.

Au bout de huit jours de traitement, *Catherine* put m'annoncer le terme de sa guérison.

M. *Case de Mery*, qui se trouvoit alors à Buzancy, écrivit sous sa dictée ce qui suit :

Du 2 novembre 1785.

« Elle ne sera guérie que le 24 de janvier.

» Les convulsions commenceront le 12 dé-
» cembre, et dureront une heure ou une heure
» et demie : il y aura ensuite une foiblesse qui
» durera une demi-heure.

» Du premier janvier au 24, une convulsion
» tous les jours.

» Il faut tirer une palette de sang du bras
» droit, le premier décembre.

» Le 18 décembre, une palette et demie
» du bras gauche.

» Le premier janvier, une palette du pied
» droit.

» Le 6 janvier, une médecine, et du 6 au 10,
» ne prendre pour toute nourriture que deux
» bouillons par jour.

» Du 10 au 24, rien à faire dans les grandes
» convulsions qu'elle aura.

» Il faut qu'elle soit touchée tous les jours,
» sans quoi sa guérison seroit reculée ».

Aujourd'hui 3 décembre, que j'écris cet article, l'état de *Catherine Vidron* est aussi bien
qu'il peut être : depuis son arrivée chez moi,
elle n'a pas eu un seul vomissement, et les souffrances qu'elle éprouve tous les jours, sont

toutes indiquées et annoncées par elle comme curatives. La saignée qui lui a été faite avant-hier, dans l'état magnétique, lui a procuré un soulagement réel, et je ne doute pas qu'en suivant toutes ses indications d'ici au 24 de janvier, elle ne soit, à cette époque, guérie radicalement (12).

Suite du traitement de Viélet.

Viélet, comme on l'a pu voir dans le détail de son traitement de l'automne, avoit dit que ce ne seroit qu'au printemps qu'il guériroit radicalement, et que ses souffrances de nerfs ne finiroient que dans ce temps. Je le trouvai arrivé à *Buzancy* le même jour que moi, qui étoit le 17 avril. Il me parut engraissé ; il avoit bon visage, et l'air plus riant que lorsqu'il m'avoit quitté. Je lui en fis compliment ; mais il me dit qu'il souffroit beaucoup de douleurs dans la poitrine, dans les épaules, et au creux de l'estomac.

Je fus deux jours avant de le pouvoir mettre dans l'état complet de *somnambulisme*. Depuis lors jusqu'au 4 mai, il ne se passa en lui rien de remarquable ni de satisfaisant.

Catherine Montenecourt lui fit prendre une tisane composée de *fleurs de sureau, de racines de guimauve, de miel, avec un gobelet de vinaigre blanc dans une pinte.* Cette tisane lui adoucissoit la poitrine, et il ne fut pas long-temps sans en être soulagé. Jusqu'alors il n'eut aucune vision sur son état : les mouvemens de nerfs qu'il avoit en étoient cause. Le soir du 4, n'y découvrant pas davantage, il eut cependant une pressensation pour le surlendemain : mais comme il *ne voyoit rien,* il me pria d'écrire sous sa dictée ce qu'il *pressentoit,* et j'écrivis ce qui suit : « De-
» main à dix heures sera ma dernière crise,
» laquelle finira par un mouvement de nerfs
» qui se portera subitement à la tête, et sa-
» medi j'aurai des accès de nerfs violens, qui
» me continueront jusqu'à mardi sept heures
» et demie du soir. Si ces mouvemens ont lieu
» sans trop de violence, je pourrai voir clair
» mercredi à huit heures et demie du matin ,
» et décider ce qui en résultera sur la défini-
» tion de ma maladie.

» Il ne faudra pas s'inquiéter des maux de
» nerfs que j'aurai, parce qu'ils sont néces-
» saires à ma guérison.

» Je dirai, sans être en crise, vendredi, à

» ma première attaque de nerfs, le moyen de
» la calmer. Ceci est écrit sous ma dictée, ne
» pouvant point écrire moi-même, parce que
» je n'y vois pas clair. Ce 4 mai 1785, à huit
» heures du soir. *Signé* VIÉLET ».

Au bas de cet écrit, il mit sa signature, sans
distinguer les lettres qu'il faisoit.

La prédiction ci-dessus eut son plein effet ;
deux fois par jour *Ribault* et *Clément* le ma-
gnétisèrent, et chaque fois il ressentoit des
contractions de nerfs violentes ; elles alloient
en augmentant de durée et de force, au point
que la dernière, depuis sept heures un quart
du soir, le mardi, jusqu'à neuf heures et
demie, fut si violente, que nous craignions
qu'il ne se fît chez lui une rupture de vaisseaux ;
ce qu'il nous avoit fait craindre précédemment,
d'autant que j'avois oublié de lui demander le
moyen qu'il m'avoit annoncé pour le soulager.

Après ses deux attaques de nerfs du mardi,
il demeura en crise magnétique quelque temps ;
mais il ne pouvoit parler, et ce n'etoit que par
signe qu'il pouvoit nous répondre et se faire
entendre. Il nous en fit un, entr'autres, pour
nous indiquer qu'il écriroit bientôt le détail de
sa maladie.

Il fut obligé le soir, tant il étoit foible, de

s'en retourner avec un bâton à la main pour se soutenir. Le mercredi, il fut magnétisé deux fois dans la journée, et devint en *crise magnétique* ; mais il avoit encore des agitations de nerfs trop fortes pour distinguer clairement en lui l'état actuel de son corps. Il annonça que le soir, à dix heures et demie, il y *verroit très-clair*, et seroit susceptible de nous rendre compte de tout ce qui le concernoit.

Sur les onze heures en effet, après qu'il eut été mis en crise par *Clément*, l'air de satisfaction se peignit sur son visage. Depuis son arrivée, il avoit été *morne*, silencieux, et plein d'inquiétude sur son état, qu'il étoit chagrin, disoit-il, de ne pas *connoître* comme il avoit fait par le passé. A mesure qu'il se *distinguoit mieux*, sa satisfaction augmentoit. « Ce seroit trop long, nous dit-il, à vous expliquer à présent : d'ailleurs, il faut encore que je me recherche et que je m'étudie. Vous n'avez qu'à me donner de quoi écrire cette nuit ; et demain, dès trois heures du matin, vous pourrez venir chercher dans ma chambre ; vous y trouverez le détail de tout : soyez sûr que je n'oublierai rien ».

Le trouvant aussi clairvoyant sur lui-même, je lui demandai alors s'il pouvoit rendre compte de la maladie d'un autre ; ce qu'il n'avoit pas été dans le cas de faire depuis son arrivée. « Volontiers , me répondit-il ; mais je ne le pourrai pas long-temps ; car demain je n'y *verrai plus* (13) ». En conséquence de sa bonne volonté , je mis deux malades en rapport avec lui , qui en obtinrent des consultations aussi curieuses que satisfaisantes.

A onze heures et demie , je le menai dans une chambre pour se coucher , et mis à côté de son lit de l'encre , des plumes et du papier ; puis , après lui avoir souhaité une bonne nuit , j'emportai la lumière , et fermai la porte à double tour. J'en donnai la clef à M. le comte *de Sérent* , qui avoit suivi toute cette scène , et nous nous donnâmes rendez - vous pour entrer ensemble le lendemain chez *Viélet.*

Il étoit sept heures et demie quand nous pûmes nous y rendre. Je trouvai mon malade souffrant beaucoup de la poitrine et des nerfs. Il avoit été , me dit-il , fort agité toute la nuit. Je commençai par essayer de calmer un peu ses souffrances ; ce qui m'obligea à le magnétiser pendant près d'une demi-heure. Quand je le vis tranquille , je pris le papier écrit que je voyois sur son lit , et étant sortis de sa chambre , nous lûmes ce qui suit :

« C'est actuellement que je connois la cause
» des maux que j'ai soufferts depuis quatre
» jours. Cela provient des chutes que j'ai faites
» l'hiver dernier, dont il s'est formé un amas
» de pus dans la poitrine, et une humeur qui
» tient au conduit, proche le *duodenum*. Mais
» je vois que ma poitrine se dégage. L'humeur
» dont est question n'en est pas de même ; elle
» ne peut avoir lieu que peu à peu ; ce qui
» me cause une gêne, mais qui se dissipera.
» J'aurai néanmoins quelques émotions, mais
» qui ne seront point violentes. J'ai rendu du
» sang par la bouche le 10 du présent mois ;
» cela me provient d'avoir eu la tête trop basse :
» la rupture du vaisseau auroit été entière, si
» M. de P. et ses condisciples n'eussent pas eu
» soin de ma poitrine et de ma gorge, sur-
» tout au moyen du souffle, dont ils se sont
» servi avec succès.

» Tout ce qu'il y a eu de contraire à ma
» situation, est d'avoir posé le pied directe-
» ment au *pylore* ; ce qui a empêché les nerfs
» de prendre leur direction et leur emplace-
» ment positifs. On auroit dû le poser seu-
» lement pendant les accès sur l'humeur qui
» pour lors bouillonnoit avec force ; cela au-
» roit occasionné le détachement plus liquide,

» puisque le fluide , dirigé avec constance par
» la volonté et l'action , produit les effets que
» la nature animale demande , vivifie et pro-
» page avec activité les parties offensées. Il
» m'importe peu sur cet article ; j'en aurai
» un embarras un peu plus pénible ; mais
» je m'en tirerai heureusement sans incon-
» véniens.

» Je n'aurai point d'attaque de nerfs avant
» le 20 du présent mois ; je serai susceptible
» de tomber en crise ce jour-là : les crises
» finiront pour moi le 13 à trois heures du
» matin. Je n'ai rien à craindre depuis ce
» temps jusqu'au 20. Ma révolution dernière
» se fera le 15 octobre , entre onze heures et
» midi , et me durera jusqu'à trois heures après
» midi. Je n'aurai aucun accès pendant le cours
» de l'été : je la pressens heureuse , malgré les
» souffrances que j'aurai le 15 octobre.

» Quand je considère mon individu , je fré-
» mis. . . . . Quand j'envisage avec exactitude
» ma situation et la foiblesse de ces mem-
» branes déliées , le peu de force qui me reste
» en comparaison de celle que je possédois ,
» je m'évanouis. . . . . . A quoi donc que je
» pense?. . . . .

» Ne me suffit-il pas d'être tranquille , lors-

» que j'ai non-seulement un libérateur , mais
» en même temps des protecteurs ? Cependant ,
» vivre sans reconnoissance , c'est vivre en
» tête effrénée. A Dieu ne plaise que je sois
» jamais de ce nombre ! Non , jamais ma re-
» connoissance n'égalera les bienfaits de M. et
» madame de P..... Quelles réflexions dois-
» je faire à ce sujet ! ....

» Je me reprends pour finir ceci, n'y pouvant
» plus dicter ni écrire, lesquels je me ressou-
» viendrai , s'il m'est possible , que c'est dans
» l'état magnétique que je le fis , pour me
» servir dans mon état naturel. Cejourd'hui
» 12 mai 1785 , deux heures du matin.
» *Signé* VIÉLET ».

Sur le revers de la page , étoit un autre
écrit commençant ainsi :

« Après avoir parcouru intérieurement, sur
» la puissance du *magnétisme animal*, diffé-
» rens motifs m'obligent d'en raisonner, tant
» sur sa nécessité que sur sa réalité : c'est ce
» qui m'oblige d'en écrire différentes circons-
» tances affirmativement.

» On donne le nom *magnétisme*. . . . . .
. . . . (14) ».

Vers neuf heures , j'allai le faire sortir de
crise. Une fois dans l'état naturel, je lui an-

nonçai les nouvelles qu'il m'avoit données sur son état. Comme il avoit encore les doigts pleins d'encre, il me fut aisé de le persuader qu'il avoit écrit. Dans le courant de la journée, je lui lus une partie de son écrit, jusqu'à ces mots : *Je n'ai rien à craindre jusqu'au 20.* La raison qui m'empêcha de lui en dire davantage, fut, qu'ayant eu la précaution, avant de l'éveiller, de lui demander ce que je pourrois lui lire dans son état naturel, il m'avoit averti de ne pas lui en faire savoir davantage, parce qu'ayant l'esprit foible dans son état naturel, il s'inquiéteroit beaucoup à la moindre souffrance qu'il auroit dans le courant de l'été, et qu'il lui suffisoit que je lui donnasse l'ordre de revenir à Buzancy vers le temps qu'il avoit indiqué.

Toute la journée du 12, ainsi que le 13, il tomba en crise tranquille de somnambulisme, chaque fois qu'on le magnétisa ; ses nerfs en éprouvoient beaucoup de soulagement, et il recouvroit peu à peu ses forces.

La dernière fois qu'il tomba en crise, après l'avoir demandé, fut le 13 à onze heures du soir.

Le 14, on eut beau le magnétiser, il ne put tomber en crise.

Le dimanche 15, Viélet partit pour aller va-
quer à ses affaires, et ne revint que le 19.

Il fut magnétisé à son retour, sans qu'on
pût parvenir à le mettre en crise ; mais le lendemain, matin et soir, il eut deux attaques de
nerfs très-violentes, ainsi qu'il les avoit pres-
senties, précédées et suivies de l'état de somnambulisme.

Depuis, il a continué de devenir somnambule
clairvoyant chaque fois qu'il a été magnétisé,
jusqu'au mardi 31 mai, qu'il a eu sa dernière
crise à dix heures du matin. Pendant cet intervalle, il s'est fait purger deux fois.

Le premier et le 2 juin, il est encore resté
à Buzancy, sans qu'il ait été possible de lui
procurer aucun effet magnétique ; et il est parti
définitivement le 3, pour retourner chez lui,
avec promesse de revenir le 14 octobre.

Post-scriptum. Le 13 octobre, au soir,
Viélet n'étant point arrivé à Buzancy, j'ai
envoyé le 14 à Mont-Saint-Père, pour en
savoir des nouvelles. On m'a rapporté le soir,
pour réponse, qu'il étoit parti dès la veille pour
venir me trouver. Cependant, le 15 au matin,
il n'étoit pas encore arrivé. A dix heures, mon
inquiétude sur son compte étoit si grande, que

je fis mettre les chevaux, et partis pour aller au-devant de lui. Je le rencontrai enfin à quatre lieues de Buzancy ; il étoit alors environ midi : aussitôt je le fais monter dans ma voiture, et nous reprenons ensemble le chemin de Buzancy. Il m'apprend, chemin faisant, qu'il avoit passé l'été fort heureusement ; que, depuis quinze jours seulement, il avoit ressenti quelques petites douleurs au creux de l'estomac. Sur le reproche que je lui fis de ne s'être pas mis en route plutôt, de façon à arriver chez moi le 14, il me dit que ç'avoit bien été son projet, et que, pour cet effet, il s'étoit mis en chemin la veille ; mais qu'à onze heures du matin, étant à deux lieues de chez lui, il lui avoit pris des douleurs de coliques si fortes, jointes à des maux de nerfs si violens, qu'il avoit été obligé de se faire remener chez lui ; que ses souffrances avoient duré bien avant dans la nuit.

Arrivé à Buzancy, j'essayai en vain de le mettre en crise ; je ne lui occasionnois que des spasmes ou des contractions douloureuses. J'étois au désespoir de l'oubli de cet homme à venir me trouver, et je désespérois presque de pouvoir rétablir sa santé.

Le 16, heureusement il devint *somnambule* très-clairvoyant. Il me dit dans cet état, que

sa révolution, prédite quatre mois auparavant ,
ne s'étoit avancée de vingt-quatre heures, qu'à
cause de la fatigue qu'il s'étoit donnée depuis
quinze jours ; que comme le travail qui devoit
amener sa révolution dernière avoit commencé
à cette époque, il eût été nécessaire qu'il fût
tranquille depuis ce temps. Il finit par m'assurer
que le lendemain il y verroit plus clair encore ,
et que peut-être il m'annonceroit le terme de
sa guérison radicale.

En effet , le 17 , il pressentit deux attaques
de nerfs ; la première pour le lendemain 19 ,
et la deuxième pour le 21. « J'éprouverai ,
me dit-il, en deux fois ce que j'aurois dû éprouver en une , et je serai tout aussi bien guéri ,
que si je n'avois pas manqué au rendez-vous
de ce printemps ». Enfin , ses *pressensations*
ont eu leur plein effet aux heures indiquées.
Après la dernière attaque le soir du 21 , il fut
d'une foiblesse extrême. Néanmoins, avant de
se réveiller tout seul, il me confirma sa guérison. Il s'ordonna de plus une tisane pour boire
à jeun tout l'hiver, ainsi qu'une médecine au
retour du printemps, la foiblesse de sa poitrine
l'obligeant, disoit-il, à suivre un certain régime pendant quelque temps. Le lendemain ,
le croyant bien guéri , je le magnétisai , ima-

ginant que je ne pourrois plus lui produire aucun effet : mais à mon grand étonnement, je le vis encore tomber en crise. — Dites-moi, la raison, lui demandai-je, de l'effet que vous produit encore le magnétisme? — Elle est très-simple, me répondit-il : je suis foible; jusqu'à ce que mes forces me soient revenues, vous pourrez toujours me mettre en crise; mais je n'y tiendrai pas long-temps; vous allez me voir ouvrir les yeux dans cinq minutes (15). En effet, au bout de ce temps, il revint tranquillement dans son état naturel. Deux jours encore je le retins, pour mieux me confirmer sa guérison, et enfin il est parti définitivement le 23, dans un état de santé tel, à ce que j'espère, qu'il n'aura pas besoin, de long-temps, du secours du *magnétisme animal*.

Le bout de l'an, dans les maladies chroniques guéries par le secours du *magnétisme animal*, me paroît une époque intéressante à observer. Je suis tenté d'affirmer que ce période amène toujours une révolution nécessaire, qui, pour se terminer favorablement, exige les soins du magnétiseur. L'exemple de *Catherine Montenecourt*, de *Viélet*, et de plusieurs autres, prouve mon assertion. Les malades qui de-

viennent somnambules) magnétiques , avertissent toujours du temps précis où ils ont besoin
de revenir se faire magnétiser : c'est une leçon
pour se conduire de même à l'égard de ceux qui
n'auroient pas passé par l'état de somnambulisme. Je crois que si l'on négligeoit de magnétiser un malade au bout de l'an , lorsque lui-
même l'a demandé , il en résulteroit pour sa
santé les suites les plus fâcheuses.

Un mal ancien et invétéré peut être comparé
à une plante parasite , dont les racines sont très-
profondes. Les remèdes ordinaires de la médecine , qu'on administre en pareil cas , ne portent leur action , pour l'ordinaire , que sur les
rameaux de la plante , les abattent même quelquefois ; d'où s'ensuit nécessairement un mieux
apparent et momentané. Ordinairement les
symptômes les plus apparens s'appaisent , les
maux cessent , et le malade , satisfait pleine-
ment de ne plus souffrir , regarde son médecin
comme un Dieu tutélaire : mais les racines de
la plante sont encore vivantes ; au bout de
quelque temps elles fructifient de nouveau ;
les rameaux renaissent avec d'autant plus de
vigueur , que la plante a déjà été taillée , et
le malade se retrouve dans un état pire que
celui où il étoit précédemment. Il faut alors

avoir recours une seconde fois à *l'habile méde-cin* qui a si bien guéri une première fois. On conçoit qu'il lui faut alors de plus grands moyens que les premiers qu'il a employés, des *ciseaux plus forts* pour tailler les nouveaux rejetons pleins de sève et de vigueur, qui se sont re-produits. S'il n'emploie que ceux dont il s'est servi précédemment, il ne portera aucun sou-lagement. Mais enfin, je suppose que le mé-decin ait, en outre de sa science, beaucoup d'expérience; c'est, je crois, tout ce qu'on peut désirer : alors il parviendra peut-être encore une seconde fois à rendre une santé précaire à son malade; mais gare à la troisième rechute ! La troisième ramification de la plante sera ter-rible à élaguer; une plus grande quantité de rameaux, une végétation plus active.... Que pourra faire alors le médecin? Osera-t-il em-ployer des moyens plus forts et plus incisifs que ceux dont il s'est servi la seconde fois ? Il sait trop bien que le malade ne les supporteroit pas. Que faire donc alors? hélas! pallier, donner de l'opium, envoyer aux eaux, etc.... Voilà les seules et dernières ressources qui couvrent, j'ose le dire, non l'ignorance des médecins, mais bien certainement l'enfance de la médecine d'au-jourd'hui.

Un moyen tendant, dès le premier moment de son application, à détruire le principe du mal, à attaquer la plante dans sa racine, est, sans contredit, le seul remède efficace à employer dans les maladies chroniques. Le *magnétisme animal*, bien administré, est, je crois, un des moyens les plus puissans pour remplir ce but désirable. Il est à remarquer que son effet, bien différent des remèdes ordinaires de la médecine, n'est point de délivrer promptement le malade de ses souffrances ; au contraire, on pourroit même dire qu'il les entretient quelquefois, et que même il les augmente : mais il ne faut pas s'y tromper, ces souffrances ne sont plus *symptomatiques* ; elles deviennent toutes *critiques* (16). Les maux que le *magnétisme animal* occasionne, enfin, loin d'être effrayans pour le malade et le médecin, deviennent encourageans pour l'un et l'autre ; et par les crises heureuses qu'ils produisent, servent à nourrir entr'eux une confiance et une espérance fondées sur des succès journaliers.

L'exemple de la cure de *Viélet* peut servir à faire l'application de mon raisonnement. On a dû prendre une idée des souffrances que cet

homme a endurées (*). Dès les premiers momens qu'il a été magnétisé, la racine de son
mal a été certainement attaquée : dès lors,
pour me servir de ma comparaison première,
la sève de la plante parasite et malfaisante a
été arrêtée ; ses rameaux se sont peu à peu
desséchés ; l'évacuation s'en est faite, et enfin
il n'est plus resté en lui qu'une très-petite
quantité de racine encore vive, qui eût pu ger-
mer et reproduire peut-être en fort peu de
temps une fructification nouvelle, toute pareille à la première, si, au bout de l'an, le
moyen puissant du *magnétisme animal* n'en
eût pas éteint absolument le germe. C'est ce
qui effectivement a eu lieu dans un espace de
temps très-court, et aujourd'hui *Viélet* n'a
plus à craindre de voir reparoître les symptômes de ses maux passés.

Quant à son personnel, mon souhait de
l'année dernière a été exaucé : il est aujour-
d'hui placé avantageusement pour sa position,
gagnant 40 sous par jour, sans être obligé à un
travail pénible de corps ; et le bonheur dont il

(*) La plúpart des souffrances de ce malade se sont
passées dans l'état magnétique ; de sorte qu'il n'en conserve pas même le souvenir.

jouit ne contribuera pas peu, j'espère, à entretenir en lui l'état heureux de santé dans lequel
il est aujourd'hui.

Cure intéressante , par les évènemens qu'elle a produits.

Agnès Remont, femme du *maréchal-fer-
rant* de Buzancy, très-forte et bien constituée,
âgée de vingt-quatre ans , avoit été guérie, le
printemps passé, d'un embarras dans le corps,
arrivé à la suite d'une couche fâcheuse. Sa
cure avoit duré long-temps, et il falloit apparemment qu'elle éprouvât au bout de l'année
une révolution nécessaire. Deux fois, dans le
mois de mai 1785 , elle eut des réplétions
de sang si fortes, que j'en éprouvai les plus
vives inquiétudes. A l'aide du magnétisme,
de beaucoup de soins , et d'une saignée
qu'elle s'ordonna dans ses crises , j'eus la satisfaction de la tirer d'affaire en très - peu de
temps.

Sa révolution périodique étoit arrivée heureusement , et depuis plusieurs jours elle n'é-
toit plus susceptible de tomber en crise ,
lorsqu'un accident imprévu la fit retomber

plus dangereusement malade qu'auparavant.
Comme elle s'en retournoit un soir tranquillement chez elle, un garçon de village, qui
l'attendoit à un détour de mur, lui fit une si
grande frayeur en lui jetant son chapeau, que
la malheureuse femme en eut une suppression
subite : tous ses accidens se renouvelèrent ;
il lui fallut revenir me trouver malgré elle, et
malgré tout l'ennui que lui causoit le magnétisme. Une nuit entière passée à la magnétiser et à renforcer notre action, soit avec
des bouteilles ou autrement, suffit à lui rappeler ses règles ; et le lendemain, vers onze
heures du matin, je crus pouvoir la renvoyer
chez elle.

Le soir, on vint m'avertir qu'*Agnès* souffroit de nouveau, et qu'après avoir rendu
du sang par la bouche, il lui avoit pris des
coliques si fortes, qu'elle se rouloit sur son
plancher. Je vais la trouver dans sa maison ; et
après l'avoir un peu *calmée*, je parviens à la
mettre dans l'état de *somnambulisme*. J'ap-
prends d'elle alors, qu'aussitôt qu'elle étoit
sortie de chez moi le matin, ses règles avoient
disparu. « Il ne faudroit pas, me dit-elle,
que je vous quittasse un moment : mes sens
sont si saisis, que si je ne suis pas au magné-

tisme jusqu'à la fin de mon époque, cela finira bien mal pour moi ». Sur le reproche que je lui fis de n'être pas rentrée sur-le-champ, dès qu'elle s'étoit aperçue de sa suppression, elle me dit qu'elle ne l'avoit pas osé ; qu'elle sentoit bien à présent le tort qu'elle avoit eu, puisque tous mes soins peut-être alloient lui devenir inutiles à l'avenir, vu que le sang ayant pris son cours par en haut, j'aurois bien de la peine à le rappeler à son cours ordinaire.

Je saisis le premier moment de calme, et la ramenai au château. Celui de mes aides-magnétiseurs qui n'avoit pas été occupé auprès d'elle la nuit précédente, la veilla cette nuit-là, et se chargea de la magnétiser pendant ses accès de souffrances.

Elle ne commença à revoir que l'après-midi du lendemain ; et pendant trois jours ensuite son bien-être se soutint. Une fois son époque passée, elle m'annonça sa guérison radicale très-prochaine, et m'assura que, sans la foiblesse très-grande où elle étoit, on ne pourroit déjà plus la mettre en crise.

Comme elle se sentoit un peu de bile sur l'estomac, elle s'ordonna une médecine pour le vendredi 20 mai. Un peu de froid qu'elle eut pendant l'effet de sa médecine , arrêta les évacuations; et le lendemain , dans une crise , elle me dit qu'il restoit encore quelque chose à faire partir de dedans son corps , et que si-tôt qu'elle auroit repris ses forces , il faudroit employer l'effet plus actif des bouteilles.

Ce ne fut que le mardi matin 24 , dans sa crise , qu'elle m'annonça que le soir elle seroit en état de supporter le renforcement magné-tique des bouteilles. Vers cinq heures , je la mis en crise. Elle étoit fort gaie de se voir aussi près de sa guérison radicale , et je me félicitois aussi moi-même de l'avoir amenée aussi heureusement au terme de sa maladie , quand , pour son malheur et plus encore pour le mien , j'eus l'imprudence ou plutôt l'igno-rance de lui donner à toucher une jeune ma-lade arrivée dans la soirée , qui tomboit d'épi-lepsie , et presque paralytique entièrement. Cette femme étoit habile dans la connoissance des maladies : elle fit sa consultation fort tran-quillement et avec sa clarté ordinaire ; mais au bout de sept à huit minutes qu'elle avoit employées à toucher cette petite fille , quelle fut ma surprise , de lui voir retirer ses mains précipitamment de dessus la malade , et après un cri d'effroi qui ne se peut rendre , me dire qu'elle venoit d'attraper du mal ; que l'humeur de paralysie et d'épilepsie , qu'elle venoit de reconnoître , lui avoit sauté dessus le corps !

Dans le même moment la femme *Remont* est attaquée de maux de nerfs ; je lui vois des soubresauts , et tout alarmée elle me demande du secours. J'appelle quelqu'un pour m'aider à la transporter , et nous faisons des efforts inutiles pour la calmer dans la cour : nous employons tous les moyens possibles , le renforcement des bouteilles , rien n'y fait , et nous voyons au contraire tous ses maux s'augmenter avec une vivacité extrême. Elle n'étoit pas pour cela sortie de l'état de somnambulisme magnétique. Je lui demande des détails sur l'affreux état où elle est. « Ah ! Monsieur , me répond-elle , je suis une femme perdue ! Qu'en arrivera-t-il ? je n'en sais plus rien ; je ne vois plus mon corps.... Vous ne me soulagez pas ». Je la fais porter sur un lit : il falloit deux hommes forts pour la contenir. Elle reste ainsi plus d'une heure et demie avant de se tranquilliser. Il étoit alors sept heures du soir. Enfin , elle annonce qu'elle va être tranquille un quart d'heure ; mais qu'au bout de ce temps ses convulsions reprendront avec la même force , pour se renouveler ainsi de quart d'heure en quart d'heure jusqu'à quatre heures du matin ; qu'alors elle verra clair sur son sort , et pourra me dire ce qui résultera de cette maladie.

Qu'on se représente , pour un moment , cette scène alarmante , les cris et le désespoir de cette femme , qui tantôt m'adressoit des reproches mêlés de douceur et d'amertume , en me disant de ne pas prendre de chagrin ; que , ne connoissant pas le danger où je l'avois exposée , sa mort ne devroit point m'être reprochée ; tantôt s'accusant elle-même de ce qu'elle avoit fait ; revenant à tout moment sur l'idée et la certitude qu'elle avoit eues , peu d'heures auparavant , d'être radicalement guérie le lendemain , pour envisager avec plus d'horreur son état présent : qu'on se représente , dis-je , cet assemblage de traits déchirans pour moi , et l'on aura une idée du saisissement que j'éprouvai. Je me voyois l'auteur de la mort d'une mère de famille qui s'étoit confiée à mes soins perfides : le magnétisme ne me paroissoit plus qu'un instrument malfaisant , dont je m'étois servi jusqu'alors sans en connoître tout le danger. Enfin , mes réflexions , jointes à l'effroi qui m'avoit pénétré , m'abat-

tirent tellement , que , dès le même soir , je
me sentis une oppression d'estomac considérable , et des commencemens de frissons.

Le besoin de secours pressans dont la femme
du *maréchal* avoit besoin , me firent néanmoins
m'étourdir sur moi - même , pour ne songer
qu'à elle ; il me restoit d'ailleurs encore un
peu d'espérance d'apprendre d'elle - même , à
quatre heures du matin , des nouvelles plus
satisfaisantes de son état : en conséquence je
ne la quittai pas , et la veillai toute la nuit. De
quart d'heure en quart d'heure ses convulsions
se manifestèrent. J'avois *Ribault* et *Clément*
pour me seconder. Nous espérions être dédom-
magés de nos peines , lorsque , pour surcroît
de malheur , à *quatre heures* du matin ,
cette femme se mit à pleurer, ce qu'elle n'avoit
pas encore fait ; au lieu de nous tranquilliser , elle nous dit qu'il n'y avoit pas d'apparence de guérison pour elle. . . . — Cela ne se
peut pas , m'écriai-je tout alarmé ; que voulez-
vous dire ? — Non , vous ne pouvez pas me
guérir ; je vois mon état. . . . Il faudroit trop
de temps ; vous allez partir, et je ne peux être
guérie avant votre départ. Finalement, après
bien des larmes et des sanglots , elle m'annonce qu'il faut qu'elle soit *magnétisée* pen-

dant deux mois et demi ; que c'est moi *seul* qui peux la guérir, et qu'à défaut de cela, elle restera épileptique ; que tout son côté gauche se paralysera peu à peu, et qu'enfin elle périra misérablement.

Après l'avoir assurée, le mieux qu'il me fut possible, que certainement je ne l'abandonnerois pas, je sus d'elle qu'il ne lui prendroit plus que *quatre accès* dans la journée ; savoir, à *sept heures* du matin, à *midi*, à *sept* et à *dix* heures du soir. Elle me dit de plus qu'il faudroit la mettre *en crise* à l'avance, afin qu'elle ne se vît pas dans ses accès, et qu'à son réveil il ne faudroit pas lui raconter les scènes affreuses de la nuit.

Ce ne fut qu'à *six heures* du matin qu'elle demanda à sortir de l'*état magnétique*. La fatigue extrême qu'elle ressentoit alors la surprit beaucoup ; il fallut lui chercher des raisons quelconques pour la tirer d'inquiétude. Elle n'avoit aucun souvenir de ses souffrances passées, et l'on se garda bien de lui en laisser rien soupçonner. Comme je tombai malade le 27, *Ribault* et *Clément* se chargèrent alternativement les jours suivans de la mettre en crise et de la soigner dans ses attaques.

Jusqu'au *mardi* 31, ses *quatre attaques* se

soutinrent constamment aux mêmes heures : mais après une promenade en voiture qu'elle s'étoit conseillée dans l'*état magnétique*, elles avancèrent d'une demi-heure. Le mercredi 1er juin, autre promenade, qui fait encore avancer ses accidens davantage. J'ordonne qu'on suive *à la lettre* l'indication qu'elle avoit donnée de lui faire faire beaucoup d'exercice. Il en résulta un effet si salutaire, que, dès le *vendredi* 3, l'accident de sept heures arriva à quatre heures du matin. Elle annonça alors que le lendemain elle n'en auroit plus que trois ; savoir, à *quatre heures*, à *une heure* après midi, et à *dix heures* du soir : jusqu'au vendredi 10, que je suis parti pour *Strasbourg*, ses accidens se sont toujours soutenus aux mêmes heures.

Comme il étoit extrêmement incommode de se trouver à *quatre heures* précises auprès d'elle, et qu'on eût pu d'ailleurs manquer aisément le moment de ses souffrances, elle avoit consenti à ce qu'on la mît *en crise* dès la veille : alors on pouvoit arriver un peu plus tard sans risquer de lui laisser apercevoir son malheureux état. Malgré toutes les précautions qu'on prenoit, il lui est arrivé cependant plusieurs fois d'être attaquée de ses accidens avant qu'on ait pu la mettre dans l'*état magnétique* ; heureusement l'inquiétude et le chagrin qu'elle en a ressentis, n'ont point nui à la suite de son traitement.

Le *vendredi* 10 , j'ai fait partir, dans la même voiture, la malade et *Ribault*. Un accident qui leur est survenu en route, ne leur a permis d'arriver que le 21 à *Strasbourg*.

Du 10 au 15, ses trois accidens avoient eu lieu, mais s'étoient tellement avancés, que le premier du 14 lui étoit arrivé à deux heures du matin.

Le 15 , celui du matin avoit manqué , et elle n'en eut plus que deux ; savoir, à six heures du matin et à dix heures du soir. Elle avoit annoncé à *Ribault* que ses attaques seroient très-fortes et dureroient ainsi huit jours aux mêmes heures ; qu'ensuite elles diminueroient de force, pour s'avancer successivement , jusqu'à ce qu'enfin elle n'en eût plus qu'une.

Ribault me raconta ces détails à son arrivée à *Strasbourg*, et m'ajouta que cette femme avoit vomi en route deux fois du sang ; qu'elle lui avoit dit, dans *ses crises*, que ces accidens-là n'avoient lieu que parce que ce n'étoit pas moi qui la *magnétisoit*, et que lui *Ribault* n'avoit pas la force de faire refluer le sang qui s'amassoit sur son estomac ; qu'il falloit que je la magnétisasse au moins une fois par jour , lorsqu'elle seroit arrivée à *Strasbourg*.

Le soir du 21, je la *magnétisai*. Elle m'annonça que le lendemain elle auroit un troisième et dernier vomissement de sang à huit heures du matin ; ce qui effectivement arriva.

Ces attaques étoient d'une violence telle que je ne les avois pas encore vues. Dès le soir même du 22, elle annonça qu'elles alloient beaucoup s'avancer, et qu'elles diminueroient graduellement de force. Je la touchai régulièrement une fois par jour.

Du 22 au 27, ses deux attaques s'avancèrent en effet tellement, que le lundi 27, la première lui arriva à minuit et demi, et la seconde, à quatre heures et demie du soir. Dans cette *dernière crise*, elle annonça que la seule attaque qu'elle auroit le lendemain à huit heures et demie du soir, seroit si forte, que ses convulsions seroient si affreuses, qu'il faudroit être au moins trois personnes pour la pouvoir contenir.

Le 28, j'eus la précaution de la mettre deux

fois dans la journée en *crise* tranquille de *somnambulisme*, dans l'espérance de diminuer
par-là son accident du soir. Néanmoins, à
huit heures et demie, nous eûmes beaucoup
de peine, mes gens et moi, à la tenir et à la
pouvoir calmer. L'attaque dura une demi-heure;
après quoi, devenant tranquille, elle nous dit
que le lendemain, son accident viendroit à sept
heures et demie.

Le 29, sa *crise convulsive* fut presqu'aussi
violente que la veille; mais enfin, elle nous
annonça sa guérison pour le lundi suivant, 4
juillet; dit que son dernier accident lui arriveroit à midi précis, et que, dès la soirée du
même jour, elle ne seroit plus susceptible aux
effets du *magnétisme*. Elle s'ordonna une *saignée* pour le lendemain matin.

Le lendemain 30, après l'avoir mise *en crise
magnétique*, comme elle me l'avoit ordonné,
je la fis *saigner* du bras gauche par le chirurgien-major du régiment de Metz : elle-même
fit arrêter le sang quand elle le jugea nécessaire. Le soir, elle eut son accident à six heures
et demie.

Finalement, en avançant ainsi graduellement, et toujours annoncées d'avance, ses attaques durèrent jusqu'au lundi 4 juillet, qu'elle

essuya la dernière à midi, qui, de même que celle de la veille, ne se manifesta pas d'une manière plus sensible que le feroit une douleur de colique ordinaire.

Elle est restée encore à *Strasbourg* une huitaine de jours, n'étant plus susceptible de tomber *en crise*, et sans éprouver le moindre accident. Le 10 juillet, elle est repartie toute seule pour *Buzancy*, et aujourd'hui, 6 novembre, elle jouit d'une santé parfaite.

La susceptibilité qu'ont les malades en *crise magnétique*, de gagner avec promptitude certaines maladies, m'a été plusieurs fois démontrée. J'ai vu des *somnambules magnétiques*, au milieu d'une *chaîne* nombreuse de malades, demander à quitter leur place, en disant que leurs voisins leur faisoient mal ; d'autres s'en éloigner d'eux-mêmes avec précipitation, et souvent j'ai eu à réparer des accidens causés par l'approche de certains individus.

Un inconvénient aussi grand m'a fait prendre une idée défavorable des traitemens nombreux ; et lorsqu'il m'est arrivé, depuis un an, de rassembler plusieurs malades ensemble, j'ai toujours eu la précaution de n'y pas admettre de sujets dont j'eusse à craindre l'influence.

J'ai consulté un jour *Viélet* sur les espèces de maladies qui pouvoient le plus aisément se communiquer aux *somnambules* ; lui - même en avoit fait deux ou trois fois la triste expérience. Sa réponse, qu'il me fit par écrit, et que je conserve, fut que les plus dangereuses étoient : « l'*épilepsie*, le *scorbut*, la *diarrhée*,
» la *paralysie froide*, la *goutte sciatique*,
» la *catalepsie*, la *gale*, les *humeurs*
» *froides*, et tous les *maux vénériens*. Il
» ne convient, ajoutoit - il, qu'aux magnéti-
» seurs de traiter ces espèces de maux, parce
» que *leur action* et *leur volonté* en repoussent
» les influences ; au lieu que les crises donnent
» et reçoivent *la fluidité*, *la transpiration*, et
» que l'*action du mal*, arrivant chez elles en
» même temps que *la sensation*, elles sont
» susceptibles de prendre bien vite ce qu'elles
» ont voulu faire dissiper ».

Il écrivit cela le 19 novembre 1784.

Le danger que courent les *somnambules* en touchant certains malades, ne doit cependant pas effrayer au point de ne plus oser les consulter sur les maladies des autres ; mais il faut le faire avec précaution. Un somnambule bien *mobile* en même temps que *clairvoyant*, doit, au reste, pouvoir distinguer un malade à une

certaine distance ; et lorsqu'après l'avoir exa-
miné ainsi, il consent à s'en approcher , c'est
qu'il n'y a certainement aucun risque pour lui.

Tous les *somnambules magnétiques* ne sont
pas , je crois , aussi susceptibles les uns que les
autres : la foiblesse , chez eux , est une indication de leur susceptibilité.

La femme du *maréchal* me disoit , dans le
temps de ses accidens , que l'humeur d'épilepsie et de paralysie ne s'étoit aussi fortement
jetée sur elle , qu'en raison de la pureté de
son sang. *Je viens d'avoir plusieurs révolutions* , me disoit-elle , *qui ont renouvelé
tout mon sang : j'avois le corps aussi sain
qu'un enfant qui vient de naître , et à raison
de ma foiblesse , l'abondance d'humeurs
de cette petite fille s'est bien vîte répandue
sur moi.* Elle ajoutoit même que si elle l'eût
touchée plus long-temps , la malade , à ses dépens , se seroit peut-être trouvée totalement
soulagée.

Quelles réflexions de tels événemens ne por-
teroient-ils pas à faire sur l'ancienne crédulité ,
regardée par nous comme d'ignorantes supers-
titions ! On croyoit anciennement à la trans-
plantation des maladies , à la possibilité de les
faire passer d'un corps à un autre , ou à celle

d'en débarrasser subtilement par des moyens quelconques. Serions-nous sur la voie de trouver la clef de ces prétendues erreurs ? La nature a bien des pouvoirs que nous ignorons : pour être à portée de les connoître, ne faut-il pas d'abord apprendre à connoître les nôtres ? Placez un sauvage ignorant au milieu des mines les plus abondantes, il n'en saura pas apprécier la valeur. Malgré toute notre science et notre philosophie, je crois que nous en sommes encore au point de ce sauvage, par rapport aux effets puissans qu'il nous reste à connoître dans la nature (17).

Ma maladie, et détails relatifs.

APRÈS avoir eu le bonheur de rendre à la vie tant d'individus par le secours du *magnétisme animal*, rien ne pouvoit mieux compléter ma satisfaction, que de devoir ma santé au même moyen dont je m'étois si aveuglément et si utilement servi envers les autres.

Le récit de ma maladie et de ma prompte guérison, va donner, j'espère, une nouvelle idée de la puissance du *magnétisme animal*, et des nouvelles jouissances qu'il m'a procurées.

Le 20 juin, il y avoit près d'un mois que je manquois d'appétit ; j'avois fort peu de sommeil et beaucoup de lassitude dans les jambes. J'attribuois les dérangemens de ma santé à la fatigue que j'avois essuyée à Paris , dans les séances si infructueusement multipliées du somnambulisme de *Madeleine* ; trop de sensibilité , ou , pour mieux dire , trop de susceptibilité peut-être , entretenoit en même temps en moi un chagrin véritable du peu de confiance que l'on m'avoit marquée. Je faisois des réflexions tristes sur la façon de penser de mes amis à mon égard ; car mes prétentions , trop exorbitantes peut-être , auroient été , qu'en dépit de leur raison et de leur surprise , ils eussent cru aveuglément à la vérité de mes expériences.

Enfin , quoi qu'il en soit du plus ou moins de raison que j'avois à me chagriner , j'étois d'une mélancolie affreuse. Je crois bien que la sécheresse de la saison , qui avoit influé sur tant d'individus , contribuoit encore à me rendre malade. J'espérois néanmoins que le temps me remettroit ; et malgré le malaise que j'éprouvois , je me livrois toujours au plaisir de *magnétiser*.

La femme du *maréchal* du village , dont on a lu l'histoire , étoit au moment de guérir ; déjà

elle avoit annoncé le terme de ses crises, et j'en
éprouvois d'avance la satisfaction que donne
une espérance fondée sur beaucoup de succès :
elle n'avoit plus qu'une fois à être *touchée* ;
c'étoit le soir du 24 mai. Arrive malheureusement une jeune fille malade dans la journée.
Sa mère l'accompagnoit : elle me prie de la
faire toucher et consulter par un somnambule.
Comme la femme du *maréchal* étoit un excellent
médecin, je la remets au soir, au moment de sa
crise. On sait ce qui en est résulté.

La peine que me fit l'accident de cette femme,
la fatigue que je me donnai toute la nuit, dans
l'espérance de la soulager ; enfin, son désespoir à quatre heures du matin, lorsque, pouvant distinguer son état, elle m'apprit qu'elle
étoit sans ressource si je l'abandonnois ; tant
de secousses multipliées m'abattirent totalement ; je me sentis un serrement de cœur et
une oppression qui me firent craindre un
moment d'avoir gagné moi - même le mal
affreux de cette femme. Je me rétraçois sans
cesse toutes ses paroles ; entr'autres, il y en
avoit une qui me saisissoit d'effroi. Aussitôt
qu'elle avoit pu parler, ç'avoit été pour me
dire que ma petite fille, qui n'a que deux ans
et demi, étoit restée long-temps sous l'arbre

de la fontaine , à côté de la malade *épileptique ;* que si on ne l'en eût pas retirée , je
n'aurois pas été long-temps sans lui voir la
bouche de travers , et tous les symptômes
d'une *paralysie épileptique*. Je ne pense pas
encore sans frémir , à tous ces détails. Je me
trouvois dans un abattement affreux. Pendant
deux jours , je ne pus trouver d'autre soulagement du magnétisme , que de vomir un peu
de bile. Enfin , le 27 , à huit heures du matin , la fièvre me prit d'une telle force , qu'il
me fallut rester au lit. Je me fis *magnétiser*
par *Ribault* et par *Clément ;* ce qui bientôt
détermina chez moi des *vomissemens* de *bile
verte* en aussi grande quantité qu'un vomitif
l'eût pu faire. Cependant la fièvre devint à tel
point , que j'eus le transport et du délire par
intervalle : ma foiblesse étoit en même temps
si grande , que , dans la matinée même , je
n'avois plus la force de me lever tout seul sur
mon séant. Presqu'aussitôt je me sentis tourmenté de *violentes coliques ,* au point de ne
pouvoir les supporter sans me plaindre hautement , et dans l'après-midi , je commençai à
rendre *des glaires et du sang.* Cet état violent dura sans discontinuer depuis le vendredi
huit heures du matin , jusqu'au lendemain sa-

medi huit heures du soir. Alors j'eus une transpiration abondante , qui s'entretint pendant
plus de deux heures. Lorsqu'elle fut arrêtée , et
que l'on m'eut changé de tout , je me trouvai
calme : la fièvre avoit cessé , de même que les
douleurs de colique.

Je dormis la nuit suivante pendant cinq ou
six heures , et le lendemain , je pris une *médecine* qui ne me purgea pas beaucoup. Le
surlendemain , je ne conservois de ma maladie
qu'une extrême foiblesse et un grand tiraille-
ment d'estomac , provenant de tous les efforts
que j'avois faits pour vomir pendant près de
dix heures de suite. Pendant plus de huit jours,
je ressentis des douleurs d'estomac , et en
tout j'ai bien été une huitaine de jours à reprendre totalement mes forces ; mais le régime que j'ai suivi , et les ménagemens que
j'ai observés, m'ont remis entièrement au bout
de ce temps. Depuis , je puis assurer m'être
porté beaucoup mieux même qu'avant ma
maladie.

Après avoir donné le détail de ma maladie ,
je crois devoir parler de mes *médecins*. Si l'on
se représente la situation critique où je me
trouvois le matin du 27 , on pourra se faire
une idée de l'inquiétude et de l'effroi que de-

voit éprouver *madame de P.* Sans la conviction intime où elle étoit des bons effets du
magnétisme animal , on doit sentir combien
elle auroit cru risquer de m'abandonner ainsi
aux soins de mes gens , sans appeler un médecin. Il est bien vrai que , de temps en temps ,
elle m'entendoit répéter que je n'en voulois
aucun ; mais elle m'a assuré depuis que ,
quand même je ne m'en serois pas défendu ,
son intention étoit qu'aucun ne m'approchât :
mais pourquoi dire qu'elle ne vouloit pas de
médecins ? Eh ! n'en avoit-elle pas un plus
sûr que tous ceux qu'elle auroit fait appeler ,
en qui elle avoit une confiance aveugle , et
qui , par la sûreté de ses lumières , devoit
bien la tranquilliser ? C'est de *Viélet* que je
veux parler : oui , c'est à un paysan , c'est à
Viélet , en *crise de somnambulisme ,* que
je dois ma guérison. Cet homme approchoit
lui-même du terme de ses crises ; et , comme
on l'a vu par le détail de sa cure , il étoit
redevenu clairvoyant et habile dans la connoissance des maladies : c'est donc en lui que
madame de P. mit toute sa confiance. Cinq
ou six fois dans la journée l'on mettoit *Viélet*
en crise : alors , tout en se guérissant lui-
même , il pouvoit me venir voir et m'ordonner

(173)

les choses qui m'étoient nécessaires. On m'a rapporté depuis, que sitôt qu'il étoit devenu somnambule, son premier soin étoit de me considérer de loin à travers mes rideaux ; puis il se levoit et il arrivoit à mon lit : là, sans me toucher, il étendoit ses deux mains, et jugeoit du degré de force de la fièvre ; il disoit l'effet que le magnétisme me produisoit. Son ordonnance enfin fut, dès la première fois qu'il me vit, de me faire *magnétiser* toutes les heures par *Clément* ou *Ribault* ; quelquefois il vouloit qu'ils fussent tous les deux ensemble ; ensuite, de boire toutes les demi-heures une tasse de bouillon fait avec plus de veau que de bœuf, et coupé à moitié d'eau. Comme ma maladie avoit le caractère de la plus grande putridité, au point que l'air de la chambre en étoit infecté, je lui demandai dans la journée la permission de boire de la *limonade* ; à quoi il ne voulut jamais consentir. Le lendemain, avec beaucoup de répugnance, il m'en permit une tasse ; mais, à la séance d'après, il prétendit que ma fièvre étoit augmentée, et que la limonade seule en étoit cause ; de sorte qu'il la défendit absolument.

Pendant les deux jours de ma fièvre, *Viélet* ne me donnoit pas grande espérance ; il étoit

morne , silencieux : je croyois même le voir in-
quiet ; et il m'a avoué depuis (étant en crise)
qu'en effet il l'avoit été le premier jour. Enfin ,
le soir du 28 , après qu'il eut été mis dans
l'état magnétique , et qu'il se fut approché
de moi , je vis sur-le-champ son visage s'épa-
nouir , et l'air de satisfaction s'y peindre d'une
manière qui ne peut se rendre. Aussitôt je lui
fais une question , sans en obtenir de réponse ;
mais , se tournant du côté de *madame de P.* ,
qui épioit , ainsi que moi , tous ses mouvemens , il lui serre les mains avec l'expression
de la plus grande sensibilité , et lui dit , pour
toute parole : *Réjouissez-vous , Madame ,
monsieur le marquis est sauvé , il n'y a plus
de risque du tout ;* et un moment après , la
joie le fait tomber lui-même dans un spasme
de plus d'un demi-quart d'heure.

Nous étions restés dans la perplexité que
donne l'attente d'une bonne nouvelle dont on
doute encore , lorsque , revenu à lui , on questionne de nouveau *Viélet :* alors , avec son zèle
ordinaire , il se rapproche de mon lit , étend
de nouveau ses mains vers moi , et m'observe
en silence. Après m'avoir ainsi considéré quelques instans , il me dit que la détente va se
faire chez moi , et que la transpiration que je

vais avoir me tirera entièrement d'affaire. Il me promet une bonne nuit, et m'ajoute, que comme la fièvre va cesser incessamment, il sera nécessaire de me purger le lendemain. Je lui réponds que, s'il le pense ainsi, je prendrai ma médecine ordinaire, et je la lui indique. « Non pas, me dit-il, ce sont des *poudres d'Ailhaud* qu'il vous faut prendre ». Oh ! je l'avouerai, dans ce moment je sentis ma confiance s'ébranler. — Des *poudres d'Ailhaud?* m'écriai-je ; mais c'est un remède que je crains beaucoup : je n'en ai jamais fait usage, et j'ai toujours entendu dire qu'il n'étoit pas du tout indifférent de s'en servir. — Rapportez-vous-en à moi, repartit-il avec une tranquillité admirable : j'ai pris moi-même des *poudres d'Ailhaud* ; j'en connois l'effet, et c'est ce qu'il vous faut : tout autre purgatif seroit trop *violent* pour vous. Je bataillai encore avec lui long-temps : les *poudres d'Ailhaud* me révoltoient. Cependant, après avoir discuté avec *madame de P.*, elle me fit convenir que, dans pareille occasion, si elle-même fût tombée malade, je n'aurois cru mieux faire que de suivre à la lettre les *ordonnances de Viélet.* Cette seule réflexion me fit abandonner entièrement à lui. « Eh bien ! *Viélet*, lui dis-je, j'y consens : dictez - moi votre ordonnance après ma médecine, je ferai à la lettre tout ce que vous exigerez ». Alors *Viélet*, plus content, m'assura de nouveau que je me trouverois bien de ses conseils — Deux heures après votre médecine, me dit-il, vous prendrez un bouillon à la reine (autrement un lait de poule), et un second deux heures après. — Point d'autres tisanes ? — Non, rien autre chose ; à deux heures, un bouillon gras, et le soir, un autre.

On envoya sur-le-champ chercher à *Soissons* des *poudres d'Ailhaud*. Je crois n'en avoir employé qu'une prise : je dis *je crois*, parce que, vers onze heures du soir, *Viélet* ayant été remis en crise, arrangea lui - même ma médecine, et que je ne me suis pas informé à temps de la quantité qui en étoit restée dans le paquet. Quoi qu'il en soit, le lendemain j'ai suivi l'ordonnance à la lettre, et m'en suis trouvé à merveille.

Mon estomac, comme je l'ai dit, me faisoit toujours souffrir. Le lundi 3o étoit le jour que *Viélet* devoit ne plus pouvoir tomber en crise ; de sorte que *madame de P.*, conservant encore un peu d'inquiétude, voyoit, avec une espèce de regret, la prompte guérison de mon *médecin*. Il fallut lui demander un régime de conduite pour le temps de ma convalescence. Beaucoup de ménagemens dans la nourriture, avec quelques détails fort peu intéressans, furent le résultat de ses conseils; mais ce qui l'est infiniment, c'est le dernier trait de cet honnête homme. Le lundi matin, prévoyant sa guérison pour le soir, il dit à celui de mes gens qui l'avoit mis en crise : « Je dois avoir une forte colique ce soir; c'est la fin de ma maladie. Si l'on me magnétise, on me la fera bien vite passer, et demain je serai guéri. Au lieu de cela, qu'on ne me *touche* pas, et qu'on me laisse souffrir, cela ne retardera ma guérison que d'un jour; mais du moins demain matin je pourrai encore *tomber en crise*, et voir comment se porte monsieur le marquis; cela fera plaisir à Madame....». Quand on me rapporta cette marque si sensible d'amitié de ce bonhomme, je ne pus m'empêcher d'en pleurer d'attendrissement, et je refusai absolument son offre : mais lui, avec son sang froid et sa tranquillité ordinaires, me répéta qu'il n'y avoit aucun risque pour lui à souffrir un jour de plus; que le plaisir qu'il avoit à me rendre service lui feroit du bien, et que le lendemain mardi, il seroit aussi bien rétabli, que s'il n'avoit pas souffert.... Ces assurances répétées, jointes à l'inquiétude de *madame de P.*, me firent accepter ses offres généreuses ; et le soir en effet, lorsqu'il eut ses douleurs de colique, on ne chercha pas du tout à l'en soulager, quoiqu'il vînt lui-même se plaindre de ce qu'il souffroit. Il nous a dit, depuis, que cette dureté de notre part l'avoit fort étonné.

Le lendemain mardi, *Viélet* put me confirmer le retour de ma santé ; et lui-même s'étant réveillé tout seul au bout d'une heure de crise, me tranquillisa sur son sort , de sorte que le même jour nous nous trouvâmes guéris en même temps , et je pus jouir , avec un plaisir qui ne se peut rendre , de la douce satisfaction de devoir la santé et peut-être la vie au même homme qui l'avoit tenue de moi. Le souvenir de cette action de *Viélet* sera toujours présent à ma mémoire ; il ne me sera jamais possible , je crois, d'être malheureux en y pensant. Puis-je avoir été mieux payé de toutes les peines que je m'étois données auprès de lui ! Oh ! combien le cœur de l'homme est bon ! J. J. Rousseau, l'homme peut-être dont l'état habituel approchoit le plus de l'état de *crise magnétique*, répétoit sans cesse à ses amis, qui vouloient le réconcilier avec les hommes, dont il s'éloiguoit toujours : *L'homme est bon*, disoit-il, *mais les hommes sont méchans.*

Cure opérée à Strasbourg.

D'après le peu de confiance que l'on m'avoit marqué à Paris, à l'occasion du somnambulisme de *Madeleine*, on peut bien penser que je me suis bien donné de garde d'essuyer à *Strasbourg* les mêmes désagrémens. Comme la femme *Remont* étoit de *Buzancy*, on eût pu encore, avec plus de fondement, la croire capable de me tromper : en conséquence je ne l'ai laissé voir à personne. Elle étoit logée chez M. *Galimart*, directeur des vivres, dont je ne puis trop louer l'honnêteté et la discrétion ; et à l'exception de lui, et du chirurgien dont j'ai eu besoin pour la saigner, personne à *Strasbourg* n'a su qu'elle y existât.

Il est à croire même que je n'eusse jamais parlé du *magnétisme* dans cette ville, si l'événement imprévu de la maladie du jeune *comte Louis de Rieux* n'eût fixé l'attention de tout le monde sur cet objet.

Il y avoit deux jours qu'il souffroit d'un *mal-aise universel*, sans apporter beaucoup d'im-

portance à son incommodité. Etant à *souper* le
25 chez M. son père , celui-ci me proposa ,
plutôt par plaisanterie que par conviction , de
magnétiser son fils. Je m'y refusai d'abord ,
d'après la loi que je m'étois imposée de ne plus
faire aucune expérience ostensible : mais, après
plusieurs instances , je me rendis , n'imaginant
pas assurément produire d'autre effet au *jeune
comte Louis* , que de lui diminuer une douleur
dans le *cou* et dans l'*épaule* , qui lui étoit ,
disoit-il , insupportable. Le détail de sa prompte
guérison , qui a été rédigé sur-le-champ , et
que je vais rapporter , fera voir combien souvent la nature demande peu d'efforts pour reprendre l'équilibre nécessaire à la santé.

Je ne saurois auparavant me dispenser de
rendre à M. le comte de Rieux le témoignage
d'amitié et de reconnoissance que je lui dois à
ce sujet. L'état d'affoiblissement dans lequel se
trouva M. son fils , au bout d'un quart d'heure
de *magnétisme* , ne pouvant ni se soutenir ni
articuler une seule parole , lui causa l'inquiétude la plus vive : ses alarmes étoient encore
augmentées par celles de toutes les personnes
qui se trouvoient présentes , et qui , comme
lui , n'avoient jamais vu d'effets semblables.
Cependant , loin de me faire le moindre re-

proche , ni de m'engager à cesser mon opération, M. *de Rieux* étoit rassuré par la confiance
qu'il avoit en moi : comptant sur mon amitié ,
il ne pouvoit croire , disoit-il , que j'eusse osé
risquer sur son fils un moyen dont j'aurois sus-
pecté la bonté. J'ai heureusement pu justifier
sa confiance ; mais en rendant la santé à son
fils , je ne crois pas m'être trop acquitté envers
lui de la marque bien sensible d'estime et d'a-
mitié qu'il m'a donnée dans cette occasion.

Le lundi 25 juillet 1785.

M. *le comte Louis de Rieux* s'étoit senti ,
le soir du 24 , des frissons et des mouvemens de
fièvre ; le soir du 25 , il ressentoit les mêmes
incommodités , auxquelles s'étoient jointes des
douleurs assez vives dans l'épaule et dans le
cou : lorsqu'il respiroit un peu fort , les douleurs étoient plus aiguës. Vers neuf heures et
demie du soir , M. *le comte de Rieux,* son
père , me pria de le *magnétiser :* je le fis asseoir , et me mis à lui *toucher l'épaule.* Il ressentit presqu'aussitôt une très-forte chaleur à
la partie souffrante , qui se maintint pendant
l'espace de huit à dix minutes. J'avois porté
quelquefois , pendant cet intervalle , une main
alternativement à sa tête et à son estomac.

Comme je me disposois à le laisser , je m'aperçus que *ses yeux étoient fermés*. Quelqu'un lui ayant parlé , sans en avoir obtenu de réponse , je pensai qu'il pouvoit être tombé dans l'état heureux de *somnambulisme magnétique*. Lui-même ne m'en avoit donné aucun indice ; car il n'avoit fait aucun mouvement extraordinaire , et l'émanation magnétique n'avoit produit sur lui aucune sensation apparente.

Pour m'assurer s'il étoit dans le sommeil magnétique , je le fis changer de place. Comme il étoit singulièrement affaissé , je fus obligé de le soutenir en marchant.

Il resta ainsi l'espace d'une heure environ , pendant lequel temps je lui fis plusieurs questions relatives à son état. — Ce que je vous fais vous fait-il du bien ? — *Oui*. — Avez - vous d'autres maux que celui de l'épaule ? — *Je ne crois pas*. Plusieurs personnes essayèrent de lui parler ; ce fut en vain : mais sitôt que je donnois la main à quelqu'un , le jeune comte répondoit sur-le-champ. Sur la fin de l'heure , il s'étoit affoibli beaucoup davantage , au point qu'à peine il pouvoit parler : il sembloit qu'il lui falloit sortir d'un assoupissement profond pour entendre celui qui le questionnoit. Je voulus le faire lever ; il n'en avoit pas la force.

Alors il demanda à être sur son lit. Comme il logeoit au deuxième étage , nous l'y portâmes à trois personnes. Une fois sur son lit , il dit qu'il ne falloit pas le déshabiller , qu'il étoit trop foible pour cela. Il resta ainsi l'espace d'une heure , pendant lequel temps il reprit un peu plus de force. Entr'autres questions que je lui fis , j'en citerai plusieurs. — Voulez-vous rester comme vous êtes long-temps de suite ? — *Non pas long-temps.* — Est-ce que cela ne vous fait pas du bien ? — *Si fait , cela me fait du bien ; mais j'ai toujours bien mal à l'é-paule.* — Cela se passera-t-il ? — *Non pas au-jourd'hui.* — Avez-vous de la peine à respi-rer ? — *Pas à présent.* — Et en aurez-vous quand vous aurez les yeux ouverts ? — *Oui.* — En ce cas demeurez long-temps comme vous êtes , si cela vous fait du bien , et je resterai avec vous pendant la nuit. — *Je ne sais que faire.* Et un moment après il me répéta qu'il ne pouvoit pas être guéri dans cette pre-mière opération , et qu'il falloit que je le sor-tisse de sa crise dans un demi-quart d'heure : alors je lui tins une main constamment sur l'é-paule malade. Au bout du demi-quart d'heure , il me dit qu'il avoit grand mal aux dents. Je posai ma main sur sa joue , et en trois minutes ce mal se dissipa : alors il se plaignit plus fortement du mal d'épaule. — C'est donc le mal de votre épaule, lui demandai-je, qui a passé sur vos dents ? — *Oui, c'est le même mal : il faut que je le garde toute la nuit dans l'épaule ; mais il ne m'empêchera pas de dormir un peu.* — A quelle heure demain voulez-vous être magnétisé ? — *Demain à quatre heures du soir.* Un moment après, je le fis lever de son lit ; et après l'avoir assis sur une chaise, je l'éveillai à la manière ordinaire, et il n'eut aucun souvenir de tout ce qui s'étoit passé, si ce n'est d'avoir ressenti de la douleur dans son épaule malade au commencement du traitement.

Du mardi 26.

A quatre heures après midi, j'ai magnétisé M. *le comte de Rieux*, et l'ai fait entrer, en huit ou dix minutes, dans l'état de *somnambulisme magnétique*. Aussitôt qu'il y fut, il parut accablé comme la veille, sans être pourtant dans un état de foiblesse aussi grand. Cet état de foiblesse étoit causé, à ce qu'il nous dit, par les douleurs qu'il ressentoit par tout le corps. Il resta en crise environ une heure et demie. Pendant ce temps, il rendit un compte de sa maladie plus exact que la veille. — D'où vous viennent les douleurs d'épaules que vous ressentez ? — *D'un froid que j'ai attrapé.* — Comment, est-ce que la fièvre que vous avez ressentie il y a deux jours chez M. *le maréchal de Contades*, n'étoit pas le commencement de votre incommodité ? — *Non , cela n'y avoit pas rapport ; c'est une courbature que j'ai eue.* — Croyez-vous toujours que je pourrai vous guérir ? — *Je l'espère.* — Sera-ce aujourd'hui ? — *Je ne crois pas.* Je le touchois toujours pendant ce temps. Voulant me reposer un peu, je demandai une bouteille que je lui donnai à tenir contre son estomac, après l'avoir magnétisée : c'est alors que se passa une scène aussi nouvelle pour moi que pour les quarante ou cinquante personnes qui se trouvoient là présentes. M. *le comte Louis de Rieux* serroit contre lui cette bouteille, avec l'air d'y trouver un secours favorable contre ses souffrances : il la portoit alternativement à sa poitrine, à son ventre, puis à son épaule. Interrogé pourquoi il en agissoit ainsi : — *C'est pour me faire du bien*, répondit-il. — La bouteille vous soulage donc beaucoup ? — *Oui, mais pas tant que votre main.* — Peu après je tins la bouteille d'une main, et de l'autre je touchois son épaule malade. Alors je lui fis la question, si, de cette manière, je procurois en lui un bon effet. « *Oui*, répondit-il; *mais il faut ôter l'une ou l'autre, me laisser la bouteille ou votre main* ». Après d'autres questions de ce genre et quelque temps de repos, je lui demandai ses ordres pour le reste de la journée, et s'il prévoyoit quelque chose en lui. — *Oui*, répondit-il, *j'aurai la fièvre ce soir.* — A quelle heure? — *A neuf heures.* — Durera-t-elle long-temps? — *Trois quarts d'heure, peut-être plus long-temps: ce sera suivant la transpiration que j'aurai; mais j'aurai soin de me bien couvrir.* — Vous avez donc des humeurs dans le corps? — *Oui.* — Faudra-t-il vous purger? — *Oui, samedi prochain.* — Avec quoi? — *Avec des eaux de Sedlitz.* — Est-ce que vous en connoissez l'effet? — *Oui, j'en ai déjà pris, et elles me font du bien.* — Combien faut-il que vous en preniez? — *Cinq verres, de quart d'heure en quart d'heure.* — Pendant combien de temps faudra-t-il encore que je vous magnétise? — *Jusqu'à vendredi.* — Et vous ferai-je de l'effet jusqu'à ce temps? — *Oui, encore vendredi matin; mais vous ne me ferez plus rien l'après-midi.* — Vous serez donc bien guéri ? — *Oui , je serai guéri.* Après l'avoir tenu une heure et demie environ dans l'état magnétique , je lui demandai combien de temps il vouloit encore y rester. — *Un quart d'heure* , répondit-il. — Faudra-t-il que je vous magnétise ce soir pendant votre fièvre ? — *Non.* — Quand voulez-vous être touché ? — *Demain à neuf heures du matin.* Le temps indiqué par lui se trouvant arrivé , il dit : « *Le quart d'heure est passé , il faut m'ouvrir les yeux* » ; ce que je fis sur-le-champ. Son réveil s'opéra , comme la veille , avec difficulté , comme un homme très-fatigué que l'on tireroit d'un profond assoupissement.

A neuf heures du soir , la fièvre lui prit comme il l'avoit indiqué. Avant neuf heures , les chirurgiens - majors des différens régimens qui se trouvoient chez lui, comptèrent *quatre-vingts pulsations* dans son pouls , et aussitôt l'heure sonnée , ils en comptèrent *cent cinq.* La transpiration se manifesta promptement ; elle fut des plus abondantes ; néanmoins la fièvre lui dura au même degré plus de deux heures : alors on le changea de tout , et il dormit le reste de la nuit fort tranquillement.

Du mercredi 27.

M. *le comte Louis de Rieux* fut magnétisé, et fut près d'un quart d'heure à entrer dans l'état magnétique. Il avoit un peu plus de force que les jours précédens. Il se servit de la bouteille, comme la veille, dans les momens où je me reposois. Il nous renouvela, dans cette crise, les mêmes pressensations de sa guérison prochaine. Entr'autres questions qui lui furent faites, auxquelles il répondoit avec une précision bien intéressante, je lui demandai s'il entendoit les personnes qui étoient dans sa chambre. — *Non.* — A quoi pensez-vous donc dans l'état où vous êtes? — *Au bien que j'éprouve.* — Je mis M. *le comte de Rieux* son père en communication avec lui, afin qu'il pût le questionner. Il lui demanda, entr'autres choses, si le magnétisme avoit été cause de l'excessive transpiration qu'il avoit eue la veille. — *Non*, répondit-il, *c'est la fièvre qui l'a causée.* — Et la fièvre elle-même, qui vous l'a occasionnée? — *C'est le magnétisme.* — Vous avez donc autre chose que votre douleur d'épaule? — *Oui, j'ai beaucoup d'humeurs dans le corps.* — Le magnétisme vous guérira-t-il? — *Oui.* — Si l'on ne vous eût pas magnétisé, qu'en seroit-il arrivé? — *J'aurois fait une maladie.* — De quel genre? — *Les fièvres.* — Eût-ce été une maladie vive ou lente? — *Une maladie bien longue.* — Il faut donc, mon ami, regarder le magnétisme comme un moyen utile à la guérison des maladies? — *Il faut y croire.* Dans cette crise, il me dit qu'il pouvoit dîner comme à son ordinaire: de plus, il ajouta que le soir, à huit heures précises, la fièvre lui prendroit, et qu'il n'en pouvoit déterminer la durée; que je ne devois pas le magnétiser avant dix heures du soir, soit qu'il eût encore la fièvre, ou qu'elle se fût passée; que, pendant son accès, il falloit souvent lui donner à boire de l'eau tiède et du sucre, et ne le changer qu'au bout d'une heure et demie. Au bout d'une heure, il demanda à sortir de crise; ce que j'exécutai sur-le-champ, et son réveil fut accompagné des mêmes symptômes que la veille.

J'oubliois de dire que, dans chaque crise, je le faisois marcher et se promener un peu dans sa chambre, mais toujours en lui tenant le bras ou la main. Sa vision n'étoit pas distincte: en se rasseyant, il étoit obligé de tâter la chaise où il vouloit s'asseoir. Il paroît que la plénitude d'humeurs qui l'accabloit, obligeoit chez lui la nature à un travail pénible pour la coction de ces mêmes humeurs : de-là résultoit l'espèce d'accablement où il étoit, son assoupissement profond, et par suite son peu de vision, de même que son peu de mobilité magnétique. La seule expérience bien convaincante que l'on répétoit toujours avec le même succès, étoit de ne pouvoir obtenir de réponse de lui, qu'après s'être mis en rapport ou en communication avec moi.

De la soirée du mercredi 27.

La fièvre ne s'est point manifestée à huit heures, comme M. *le comte Louis de Rieux* l'avoit annoncé. M. *Persi*, chirurgien-major du régiment de Berry, ne lui en a pas reconnu. Le jeune *comte* imaginant, d'après le rapport qu'on lui avoit fait de sa prédiction, qu'il pourroit bien l'avoir, s'étoit couché, et avoit eu soin de se bien couvrir. Lorsque j'arrivai chez lui à huit heures passées, je le fis découvrir, et lui conseillai de se lever, et de ne pas penser à la fièvre ; que peut-être il ne l'auroit pas, malgré sa prédiction. Il se leva en effet, et passa ses deux heures assez gaîment, *son opinion particulière étant cependant portée à se croire un peu de fièvre, et moi je le pensois de même.*

A dix heures je l'ai magnétisé, et l'ai fait entrer, en dix minutes, dans l'état magnétique. Ma première question a été, s'il avoit eu la fièvre depuis huit heures : *un non très-sec a été sa réponse.* — Qu'est-ce donc qui a contrarié votre pressensation de ce matin ? — *J'ai eu froid en rentrant chez moi ; mes fenêtres auroient dû être fermées à six heures.* — Cela apportera-t-il un obstacle à votre guérison ? — *J'espère que non.* — Aurez-vous encore la fièvre ? — *Je n'en sais trop rien.* Dans cette séance, l'expérience de la chaîne de communication de moi avec un tiers, pour obtenir les réponses du malade, a été répétée plus de vingt fois avec le même succès, c'est-à-dire, qu'à moins de s'être mis en rapport avec moi, il n'étoit pas possible de s'en faire entendre ; et aussitôt que le rapport étoit établi, la réponse se manifestoit sur-le-champ. M. *le duc d'Ayen*, entr'autres, répéta souvent cette expérience.

Le *comte Louis* resta une heure et demie à peu près en crise magnétique. Parmi plusieurs questions qui lui furent faites, les plus intéressantes furent s'il entroit quelque chose en lui quand on le magnétisoit. — *Non, il n'entre rien ; mais cela me soulage.* — C'est donc quelque chose qui s'échappe de vous ? — *Oui, c'est comme une vapeur, une transpiration.* — Voyez-vous l'émanation magnétique ? — *Je ne la vois pas, mais je la sens.* Après quelques momens de silence, je continuai à le questionner. — Croyez-vous que dans toutes les occasions où vous serez malade, le magnétisme puisse vous guérir ? — *C'est suivant : si la maladie étoit commencée, il se pourroit faire que non.* — Mais si dans le principe je vous magnétisois ? — *Alors j'en guérirois, comme je vais guérir de cette maladie - ci.* Je lui avois mis une bouteille magnétisée entre les mains comme les autres fois ; et comme il la portoit successivement à différentes parties de son corps, il lui fut demandé la raison de ce procédé. « *Je la porte*, répondit - il, *aux endroits où je souffre, et je l'y laisse jusqu'à ce que je sois soulagé* ». Il étoit si attaché à cette bouteille, que, dans une promenade que je lui fis faire dans sa chambre, il ne voulut pas la quitter ; et quoique l'attitude fût extrêmement gênante, il la tint au moins une demi-heure dirigée vers son épaule souffrante. Sur la plaisanterie que je lui fis, qu'il portoit cette bouteille comme on porte son fusil à l'exercice, il me répondit *que son fusil ne lui faisoit pas tant de bien.*

Il me dit ensuite, après s'être assis, qu'il m'avertiroit de le réveiller quand il ne souffriroit plus. Il continua son petit manége de bouteille encore un gros quart d'heure environ ; puis après, la secouant dans ses mains, il me dit : *Je ne souffre plus.* — Vous voulez donc sortir de l'état où vous êtes ? — *Oui, sans doute*, répondit-il. — A quelle heure demain voulez-vous être touché ? — *A neuf heures du matin.* — Si je ne pouvois pas vous magnétiser, qu'en arriveroit-il ? — *Je guérirois plus tard.* Après lui avoir promis de ne pas manquer à son rendez-vous, je lui ouvris les yeux comme ci-dessus ; et tout comme à son ordinaire, il ne conserva pas le moindre souvenir de tout ce qu'il avoit fait et dit dans sa crise.

Le jeudi 28.

A neuf heures du matin, je magnétisai M. *le comte Louis de Rieux.* Il avoit passé une très-bonne nuit ; son épaule lui faisoit très-peu de mal ; la fraîcheur de son teint et sa gaîté ne pouvoient laisser soupçonner qu'il fût encore malade. Il me dit, en s'asseyant, qu'il alloit faire tout son possible pour ne pas s'endormir. Je le confirmai, en plaisantant, dans cette bonne idée, et lui conseillai de tenir bien ferme. Malgré toute sa résolution, au bout d'un quart d'heure, ses yeux se clôrent comme à son ordinaire, et il fut dans l'état magnétique. Dans cette crise, il fut plus gai et plus leste que dans les précédentes. A la question que je lui fis, si son mal d'épaule dureroit encore long-temps, il me répondit *que le lendemain il s'en iroit à tous les diables. —* A quelle heure voulez-vous être magnétisé aujourd'hui? — *Point; mais demain, à huit heures du matin, pour la dernière fois. —* Et demain au soir, si je veux vous magnétiser? — *Vous ne ferez que de l'eau claire. —* J'essaierai pourtant. — *Eh bien! vous ne ferez rien du tout.* — Pourquoi ai-je été plus long-temps aujourd'hui qu'à l'ordinaire à vous faire de l'effet? — *Parce que je n'ai plus guère de mal.* — Croyez-vous que je pourrai parvenir demain matin à vous mettre en crise? — *Vous aurez plus de peine; mais si vous en venez à bout, vous ne me ferez plus de bien.* Dans cette crise, il se servit plus de trois quarts d'heure de la bouteille magnétisée; et ayant voulu se promener, il ne consentit pas à s'en dessaisir, la portant, comme à son ordinaire, à tous les endroits de son corps où il sentoit avoir besoin de ce secours. Comme le bas de son estomac étoit le lieu où il la tenoit le plus long-temps, je lui demandai le sujet de cette préférence. « *C'est l'endroit,* me dit-il, *où elle me fait le plus de bien* ». Au bout d'une heure environ, je lui fis la question combien il vouloit rester encore de temps en crise. « *Encore vingt minutes* ». Ce temps passé (sans qu'il y eût eu le moindre avertissement de ma part), je l'entendis murmurer un peu dans ses dents. — Qu'avez-vous? lui demandai-je. — *Les vingt minutes sont passées,* me répondit-il ; *pourquoi ne me sortez-vous pas de crise?* On regarde à une montre, et en effet il y avoit une minute de plus que le temps prescrit. Je ne me le fis pas redire deux fois, et je lui ouvris les yeux sur-le-champ. Son réveil fut aussi long à s'opérer que les autres fois, c'est-à-dire, que j'y employai bien quatre à cinq minutes.

Vendredi 29.

A huit heures du matin, M. *le comte Louis de Rieux* a été magnétisé. Il se défendit de dormir comme la veille, et j'employai vingt minutes à le mettre dans l'état magnétique. Il me dit alors *qu'il ne souffroit presque plus, et ajouta toujours que ce seroit la dernière fois que je lui ferois de l'effet.* Dans cette crise, il n'étoit plus absorbé comme les autres fois, et répondoit avec plus d'aisance qu'à son ordinaire. Entr'autres questions que je lui fis, je lui demandai : — Comment doit-on appeler l'état où vous êtes ? — *Un état de bonheur et de plaisir.* — Croyez-vous que l'on puisse se rappeler de cet état ? — *Non. J'ai déjà essayé, mais inutilement.* — Est-ce un sommeil que l'état où vous êtes ? — *Non. Si je dormois, je ne sentirois pas le bien que j'éprouve.* — Croyez-vous que j'aie du plaisir à vous magnétiser ? — *Je n'en sais rien ; mais vous en faites beaucoup à ceux que vous magnétisez.* — Pourquoi ne répondez-vous pas aux personnes qui vous parlent ? — *C'est que je ne les entends pas.* — Quelquefois, cependant, vous les entendez ? — *C'est lorsqu'elles sont en rapport avec vous.* Ensuite, comme je lui avois fait la plaisanterie que je le mettrois en crise le soir malgré lui, et qu'il m'avoit assuré que je n'en viendrois pas à bout, je lui dis que je lui ferois accroire qu'il pourroit ressentir des effets, et que, comme il ne se

ressouviendroit pas de ce qu'il me disoit actuellement, je parviendrois à l'en persuader. Il me
répéta que ce seroit en vain que j'essaierois. —
Comment! est-ce que vous ne croyez pas que
l'imagination puisse aider aux effets du magnétisme? — *Non.* — Vous savez cependant que
l'académie l'a décidé. — *Il y a bien de la rime
en* on . . . . *mais c'est de la sensation.* M. son
père, le voyant en si grande gaîté, voulut par
plaisanterie, lui demander des numéros pour
la loterie. Il lui répondit fort gaîment qu'il
n'avoit pas la main heureuse, et qu'il n'y gagnoit jamais. Cependant, comme il le pressa
de lui en désigner, il y consentit, et indiqua
les numéros 7, 32, 28, 69, 85; il les répéta
même plusieurs fois, sans cependant avoir l'air
d'y croire beaucoup. Il s'égaya ensuite sur le
gain qu'il pouvoit faire à la loterie, et que,
s'il gagnoit un *quine*, cela lui feroit presqu'autant de plaisir que le *magnétisme*. Je lui
demandai s'il étoit aussi sûr du *quine* que du
recouvrement de sa santé. *C'est fort différent*, répondit-il : *je suis sûr d'être bien
guéri, au lieu que je ne tiens pas le* quine
dans ma poche. Au bout de quelques momens,
il demanda à se promener, toujours avec sa
chère bouteille sur son épaule. Il étoit très-

ferme sur ses jambes ; et tout en témoignant
le plaisir qu'il avoit de se sentir bien guéri , il
alloit jusqu'à sauter et à donner des signes
très - marqués de la satisfaction qu'il éprouvoit :
il m'embrassa plusieurs fois , en me disant qu'il
m'aimoit bien , et qu'il m'étoit bien obligé.
Quand il fut rassis , il voulut encore qu'on lui
parlât , disant que son mal ne l'occupoit pas
assez pour ne pas faire la conversation ; de sorte
que je lui fis beaucoup d'autres questions. A
quelle heure voulez-vous être purgé demain ?
— *A six heures.* — Désirez-vous faire diète
aujourd'hui ? — *Non. Je dînerai bien , et ne
souperai point.* — Faut-il vous préparer à la
médecine par quelques boissons ? — *Non , point
de tisane surtout , mais de la limonade.* —
Faut-il qu'elle soit cuite ? — *Non. La limonade cuite me fait mal , me fait vomir , au
lieu que la limonade crue me fait du bien.*
— Êtes-vous content du magnétisme ? — *Oui ,
et de vous aussi.* — Par où votre mal d'épaule
s'en ira-t-il ? — *Peut-être bien aujourd'hui
par les urines.* — Si je vous laissois comme
cela sans vous ouvrir les yeux , qu'en arriveroit-
il ? — *Je me réveillerois seul ; mais si vous
avez affaire , vous pouvez m'ouvrir les yeux ,
et vous n'aurez pas grande peine aujour-*

d'hui, parce que je n'ai plus de mal. — Il faut donc nous dire adieu ? — *Oui, pour à présent ; mais nous nous reverrons bientôt.* Je l'éveillai en effet au bout de deux heures de crise, et son réveil s'opéra dans une minute.

Pour donner une nouvelle preuve de la démarcation bien sensible qui existe entre l'état magnétique et l'état naturel, je lui demandai, comme par plaisanterie, après son réveil, s'il vouloit mettre à la loterie : j'ajoutai que, comme un bonheur n'alloit pas sans l'autre, il se pourroit qu'il y gagnât. Il s'y refusoit ; mais par complaisance il dicta les numéros suivans : 4, 28, 36, 49, 72 : aussitôt on lui montra les numéros qu'il avoit indiqués pendant sa crise ; ce qui l'amusa et l'étonna fort, n'ayant aucun souvenir de tout ce qu'on lui racontoit (18).

Le lendemain samedi, M. *le comte Louis de Rieux* a commencé à prendre, à six heures du matin, des eaux de Sedlitz, qui l'ont fort bien purgé. Le lendemain dimanche, il fut à l'exercice dès cinq heures du matin, et depuis il jouit d'une santé parfaite.

« Nous soussignés, témoins de toutes les » séances où M. *le comte Louis* a été magné-

» tisé, ou seulement d'une ou plusieurs de ses
» séances, reconnoissons les détails ci-dessus,
» comme très-conformes à ce que nous avons
» vu et entendu nous-mêmes. En foi de quoi
» nous avons tous signé le procès-verbal ci-
» dessus. Cejourd'hui 7 août 1785. Signés *le*
» *comte de Rieux*, colonel du régiment de
» cavalerie de Berry ; *le vicomte d'Alzon*,
» major du régiment de Berry ; *Escragnolle*,
» capitaine, commandant audit régiment ; *le*
» *comte de Comminge*, capitaine audit régi-
» ment ; *Chaternet*, capitaine audit régiment ;
» *le marquis de Lillers*, capitaine audit régi-
» ment ; *Monluzon*, capitaine au régiment
» d'Artois, cavalerie ; *de Lalandelle*, officier
» au régiment d'Agénois ; *le baron de Dam-*
» *pière*, *le marquis de Saint-Sauveur*,
» mestres-de-camp en second du régiment de
» Foix ; *de Beaufranslect*, *comte d'Ayat*,
» capitaine au régiment de cavalerie de Berry ;
» *le comte de Lützelbourg-Klinglin-d'Esser*,
» capitaine an régiment de Montmorency, dra-
» gons ; *le vicomte de la Roche-Aymon*,
» mestre-de-camp, commandant du régiment
» d'Artois ; *Flachon de la Jomarière*, capi-
» taine en premier au corps royal du génie ; et

» *Brunck*, commissaire des guerres, témoins
» de trois séances ».

Les détails ci-dessus, de la courte maladie
de M. *le comte Louis de Rieux*, ont beaucoup de ressemblance avec ceux qu'on a lus
du *petit Amé*, guéri à Buzancy : l'un et l'autre
ordonnoient affirmativement la manière dont
il falloit qu'on les touchât, et tous deux ont
répondu de même qu'il n'entroit rien en eux
quand on les magnétisoit, mais seulement que
cela les soulageoit. Quant aux éclaircissemens
sur l'existence du fluide magnétique, de même
que sur la vision intérieure, tant du corps
que du siége de la maladie, on a pu remarquer
que tous les paysans se servent habituellement
du mot *voir*, tandis que M. *le comte de Rieux*,
appréciant le vrai sens des mots, exprime la
même idée par *sentir*. Ce ne sera qu'à mesure
que les cures magnétiques s'étendront sur des
personnes de son espèce, et par suite sur des
gens instruits en médecine et en anatomie,
que nous pourrons parvenir à étendre nous-
mêmes nos idées sur cet état singulier de *somnambulisme*. Au reste, nous ne pourrons jamais avoir qu'une langue de convention pour ex-

primer des sensations dont nous ne sommes pas susceptibles.

D'après le bien que procuroit à M. *de Rieux* l'application d'une bouteille, joint à ce qu'il disoit qu'il n'entroit rien en lui quand on le magnétisoit, mais qu'au contraire il s'en échappoit une espèce de vapeur ou de transpiration, il m'est venu une idée, que plus d'expérience confirmera peut-être ou détruira entièrement; c'est que le verre peut servir d'indicateur certain de l'état d'un malade devenu sommambule magnétique, quant au trop ou trop peu d'électricité qui existe en lui. J'ai remarqué plusieurs fois ce même attrait pour le verre dans de certains malades, tandis que d'autres le dédaignent absolument, quand le magnétiseur n'y porte pas la main.

Le verre, d'après ses propriétés électriques, est, comme nous l'avons dit, un excellent conducteur du *magnétisme animal*. Lors donc qu'après avoir magnétisé une bouteille, on la met en contact avec le malade, l'accélération de mouvement, occasionnée par les filières du verre, agit constamment sur lui tant que le magnétiseur la touche; mais lorsqu'après avoir actionné quelque temps avec la bouteille, on l'abandonne entièrement entre les mains du malade, alors il peut arriver deux cas, ou que le malade ait trop d'électricité en lui, ou qu'il en ait trop peu. S'il en manque, la bouteille se déchargera bien vite de toute son électricité animale ; et sitôt qu'elle aura cessé d'être en analogie avec lui, lui devenant inutile, il s'en débarrassera promptement. Au contraire, si le malade a surabondance d'électricité, la bouteille s'entretiendra toujours de celle dont il se débarrassera : elle fera exactement l'office d'un siphon ; et tant qu'il croira utile de continuer cet effet, il la gardera avec plaisir. C'est, je crois, particulièrement parmi les enfans et les très-jeunes gens, que ce phénomène arrivera le plus communément. Cette observation au reste mérite d'être approfondie ; je ne la donne que comme une probabilité. Je crois mon raisonnement juste, d'après les données sur lesquelles je me fonde ; mais s'il en est une qui manque de justesse, que deviendront mes conclusions ? Mon seul but au reste est de laisser entrevoir le vaste champ d'expériences et d'observations qu'il reste à faire dans la connoissance bien nouvelle que je traite : n'étant, pour ainsi dire, à l'exception de mes frères, aidé de personne dans mes recherches ; ayant trouvé dans tous les savans, physiciens, médecins et autres, un éloignement incroyable à vouloir m'entendre, il m'a fallu tout conclure sans débats ni contradictions. Je crois, d'après cela, qu'il est impossible que je ne me sois pas trompé quelquefois : aussi, je le répète, si je me voyois réfuté d'une manière raisonnable et convaincante, j'en serois charmé. Certain, comme je le suis, que les faits ne peuvent s'affoiblir, ce seroit une preuve qu'on les auroit examinés avec soin, et je ne pourrois qu'y gagner moi-même. Puisse le souhait que je fais, d'être réfuté solidement, s'effectuer au plutôt pour le bonheur de la génération présente !

Parmi quantité de faits aussi évidens que satisfaisans par leurs résultats, qui ont eu lieu à *Strasbourg*, il en est encore un que je veux citer, à cause de la longueur du terme que le malade a lui-même fixé pour époque de sa guérison, dès les premiers jours de son traitement.

Le nommé *Dupré*, soldat au régiment de Hesse-Darmstadt, homme fort et robuste, âgé de vingt-quatre ans, taille de cinq pieds huit pouces, tomboit, depuis une quinzaine de jours, dans des attaques de convulsions semblables à l'épilepsie : il étoit incapable de faire aucun service. Le chirurgien-major de son ré-

giment l'avoit saigné le troisième ou quatrième
jour de ses accidens , et depuis lors il étoit encore
plus souffrant. M. Houdouart , son capitaine ,
l'amena chez moi le huit août , et me pria instam-
ment d'essayer sur cet homme le pouvoir du
magnétisme animal. J'y consentis ; et dès la
première fois je déterminai en lui sa crise convulsive. L'après-midi , l'ayant touché une
deuxième fois , il devint *somnambule magnétique* , et dès le surlendemain il put rendre
compte de la cause et des suites de sa maladie.
Afin d'éviter les répétitions , je me contenterai
de rapporter ci-après les différentes pièces et
actes passés pardevant notaire , qui suffisent
seuls pour donner une idée satisfaisante du traitement magnétique du sieur Dupré.

Suit la déposition du 10 août.

*Déposition du nommé Dupré , soldat du
régiment de Hesse-Darmstadt , dans la
compagnie d'Houdouart , à M. de Puységur , en présence des soussignés.*

« La cause de ma maladie vient du chagrin
de me voir aussi court tenu que je le suis à
la caserne , et de n'être pas aimé de mes camarades. Le commencement de ma maladie a eu
lieu il y a eu vendredi quinze jours. Il s'est

formé une ceinture de sang au bas-ventre , qui a monté continuellement jusqu'au nœud du gosier. Si je n'étois pas venu ici , cela m'auroit occasionné une grande maladie , qui n'auroit pas été longue ; cela m'auroit étouffé , et je serois mort : au lieu de cela , je serai guéri de vendredi prochain en huit. De jeudi en huit je vomirai du sang une fois dans la journée , et deux fois dans la nuit , et cela finira mes convulsions. De samedi prochain en huit j'aurai besoin d'être purgé , et je ne tomberai plus en crise.

» Dans six mois je prendrai la fièvre chaude , que personne que vous ne pourra guérir , ou un de vos gens , mais en plus de temps. De vendredi en huit finiront les crises pour moi , et je n'y retomberai plus le samedi suivant ».

« Reçu et écrit cette déclaration sous la dictée dudit Dupré, étant en *crise somnambuliste* , ce 10 août 1785 , dans l'appartement qu'occupe M. *le marquis de Puységur* , en présence de *madame Doriocourt* , de M. *le baron de Landsberg , de Berstett , Klinglin d'Esser , Abresch* , chirurgien-major dudit régiment , *de la Jomarière , de Tinchant* , chirurgien-major , démonstrateur royal à l'hô-

pital militaire de *Strasbourg* , chirurgien-
major du régiment de Foix. Signés *Doriocourt* , *le baron de Landsberg* , directeur
de la noblesse immédiate de la Basse-Alsace ;
le baron de Berstett ; *Klinglin - d'Esser* ,
capitaine de dragons au régiment de Montmorency ; *de la Jomarière* , capitaine au corps
royal du génie ; *François* , *baron de Landsberg* ; *Fribault* , *Abresch* , chirurgien-major
du régiment royal de Hesse-Darmstadt ; *Tinchant* , *Lützelbourg* ».

S'ensuit le dépôt mentionné ci-dessus.

« Cejourd'hui dixième août mil sept cent
quatre-vingt-cinq , à six heures et un quart
de relevée , pardevant le notaire royal à *Strasbourg* soussigné , furent présens MM. *les ba-
rons de Landsberg* et *de Berstett* , qui ont
signé la déclaration ci-dessus , et des autres
parts , lesquels , après avoir certifié les signatures apposées à ladite déclaration , véritables ,
ont requis ledit notaire , au nom de M. *le
marquis de Puységur* , colonel au corps
royal d'artillerie , major du régiment de Metz ,
en garnison à *Strasbourg* , de le prendre et
garder en dépôt au nombre de ses actes , à
fin de date et à telles autres que de raison ;

duquel dépôt les sieurs comparans ont requis acte à eux accordé.

» Fait, lu et passé audit *Strasbourg*, les jour, mois et an susdits, en présence des sieurs Félix *Lex*, avocat, et Louis *Dumont*, praticien, y demeurans, témoins requis, qui ont signé avec les sieurs comparans et ledit notaire. Signé la minute vers lui restée, *François, baron de Landsberg, le baron de Berstett, Lex, Dumont*, et *Lacombe*, notaire royal, avec paraphe. Collationné, *signé* LACOMBE.

» Ensuite l'acte vérifiant l'accomplissement de la prédiction ci-dessus ».

A Strasbourg, le 31 *août* 1785.

« Nous soussignés chirurgiens - majors du régiment de Hesse-Darmstadt, et autres qui avons été témoins du traitement du sieur *Dupré*, soldat au régiment, certifions que le mercredi 17 août, il a eu trois vomissemens de sang, et que nous lui avons entendu dire, dans son état de *somnambulisme magnétique*, que cette crise salutaire, prévue par lui, n'avoit été avancée d'un jour et demi, qu'à cause d'une révolution imprévue qu'il avoit éprouvée dans le cours de son traitement, dont le ré-

sultat avoit été un vomissement de sang pré-
maturé dans sa chambre , en présence de tous
ses camarades , et que , depuis ledit jour 17 ,
Dupré n'a plus eu d'attaques de convulsions ,
mais qu'il continue néanmoins d'être dans un
état de foiblesse et de malaise ; lequel état ,
suivant ses pressensations , doit durer jusqu'au
4 de mars de l'année prochaine , à quatre heures
du soir , époque qu'il annonce devoir être celle
de la fièvre chaude qui doit terminer sa maladie ; laquelle maladie se guérira en huit jours
de temps , s'il est magnétisé par M. *de Puységur,* ou en durera quinze , avec beaucoup
de souffrance , si c'est *Clément* qui le magnétise , et qu'à défaut de l'un ou de l'autre
de ces deux magnétiseurs , aucun moyen ,
soit de la médecine ou du *magnétisme ,* ne
pourra l'empêcher de mourir. En foi de quoi
avons signé le présent procès - verbal , pour
valoir en tant que de raison. *Signé* à l'ori-
ginal J. *Abresch ,* chirurgien - major dudit
régiment , le 1er septembre 1785 ; *Lützelbourg , Gallimart , le baron de Berstett ,
Klinglin-d'Esser.*

« Cejourd'hui cinquième septembre mil
sept cent quatre-vingt-cinq , avant midi , pardevant le notaire royal immatriculé au conseil

souverain d'Alsace , résidant à *Strasbourg*, soussigné, fut présent messire Amand-Marc-Jacques, *marquis de Puységur*, colonel au corps royal d'artillerie, étant à *Strasbourg*, lequel a remis et déposé audit notaire la déclaration ci-dessus du trente-un août dernier et premier septembre courant, les signatures au bas de laquelle il certifie véritables ; requérant ledit notaire de la recevoir en dépôt au nombre de ses actes , pour en être délivré des expéditions à qui il appartiendra.

» Fait, lu et passé audit *Strasbourg*, les jour, mois et an susdits , en présence des sieurs Félix *Lex*, avocat, et Louis *Dumont*, praticien , y demeurans, témoins requis , qui ont signé avec les sieurs comparans et ledit notaire. Ainsi signé à la minute vers lui restée, *le marquis de Puységur*, *Lex*, *Dumont*, et *Lacombe*, notaire royal , avec paraphe. Collationné , *signé* Lacombe ».

Troisième acte , contenant les dernières déposition du sieur Dupré.

« Aujourd'hui 31 août 1785 , le sieur Dupré , après être revenu au traitement magnétique , pour des foiblesses qu'il éprouvoit journellement depuis huit jours , a cessé de tomber en *crise* de *somnambulisme* ; avant son réveil il m'a annoncé que samedi prochain 3 septembre, il se sentiroit accablé dans l'après-midi, et qu'à quatre heures il tomberoit tout seul, à quelqu'endroit qu'il se trouvât, dans l'état de *somnambulisme magnétique*, dont il sortiroit tout seul à cinq heures précises ; que, d'ici au 4 de mars, cet état singulier se manifesteroit chez lui tous les trois jours à la même heure. Il dit n'avoir plus besoin d'être magnétisé d'ici au 4 de mars, parce que l'effet que l'on produiroit sur lui seroit trop violent, et pourroit porter du déréglement dans sa tête. Il ajoute que si quelque main étrangère à ses magnétiseurs ordinaires venoit à le toucher dans ses momens de *sommeil magnétique*, il en résulteroit pour lui des maux affreux, et par suite un dépôt dans la tête, dont la répercussion, jointe à la fièvre qu'il doit avoir, le mettroit hors d'état de pouvoir guérir à l'époque du 4 mars de l'année prochaine. En conséquence, je vais prendre toutes les précautions possibles pour que le sieur Dupré soit surveillé de près dans tous ses momens de *sommeil magnétique*, jusqu'à l'époque où il viendra me trouver à Paris. Si aucune contrariété ne vient troubler la suite d'une cure aussi intéressante , je la regarde d'avance comme assurée. A *Strasbourg*, ce 31 août 1785. *Signé* le MARQUIS DE PUYSÉGUR ».

« Aujourd'hui 5 septembre , que le présent dépôt a été porté chez le notaire , je certifie que le *sommeil magnétique* de Dupré a eu lieu samedi dernier , comme il l'avoit annoncé. Signé *le marquis de Puységur* , et ont signé avec moi , comme en ayant été témoins , *le comte de Lützelbourg , Landsberg, le baron de Berstett , Schwendt , Flachon de la Jomarière* ».

« Cejourd'hui cinq septembre mil sept cent quatre-vingt-cinq , avant midi , pardevant le notaire royal à *Strasbourg* soussigné , est comparu messire Amand-Marc-Jacques , *marquis de Puységur* , colonel au corps royal de l'artillerie , étant à *Strasbourg* , lequel a remis et déposé audit notaire la déclaration ci-dessus des trente-un août et cinq du courant , dont il a certifié les signatures véritables , requérant ledit notaire de la prendre et recevoir en dépôt au nombre de ses actes , pour en délivrer des expéditions à qui il appartiendra , dont acte.

» Fait , lu , et passé audit *Strasbourg* , les jour , mois et an susdits , en présence des sieurs Félix *Lex*, avocat, et Louis *Dumont*, praticien, y demeurans, témoins requis, qui ont signé avec le sieur comparant, et ledit notaire signé à la minute vers lui restée, *le marquis de Puységur*, *Lex*, *Dumont*, et *Lacombe*, notaire royal, avec paraphe. Collationné, *signé* Lacombe».

Dupré est parti de *Strasbourg* en même temps que moi pour se rendre à *Buzancy*. Il y est resté jusqu'au 8 de décembre, pendant lequel temps il est tombé régulièrement tous les trois jours dans sa crise de *sommeil magnétique*. Comme il étoit alors devenu insensible à l'approche de toute autre personne que moi, sans cependant répondre à qui que ce soit, je lui ai permis, en quittant *Buzancy*, d'aller dans son pays en Normandie passer le temps qui reste jusqu'à la fin du mois de février, époque où il doit me venir retrouver à *Paris*. Comme cet homme sait le danger qu'il courroit en manquant au rendez-vous, je ne doute pas qu'il n'y soit exact. Je compte alors engager un notaire et un médecin à se trouver chez moi le 4 mars à quatre heures du soir, afin de constater avec eux l'accomplissement de sa pressensation.

CONCLUSION.

J'ai présenté, je crois, dans le cours de ces mémoires et dans les précédens, plus de faits qu'il n'en faut pour persuader ceux qui les liront, de l'existence du *magnétisme animal*, et de son utilité dans le traitement de la plupart des maladies.

Quiconque voudra parcourir avec attention les différens détails des cures qui y sont décrites, ne pourra, je crois, s'empêcher de reconnoître la vérité des faits qui y sont rapportés, et en y ajoutant la foi qu'ils méritent, sera forcé de convenir que ce nouveau moyen de guérir est infiniment plus simple et plus à la portée de tous les hommes, que tous ceux qu'on a connus jusqu'à ce jour.

J'ai tâché de plus de persuader à tous les hommes qu'ils ont en eux la faculté de magnétiser, et que l'efficacité des traitemens magnétiques est en raison de la *persévérance*, de la *sensibilité*, et de *la bonne volonté des magnétiseurs*.

Tout homme en croissant acquiert la faculté de guérir son semblable, comme il acquiert la faculté de le reproduire. Ces deux facultés sont les résultats de la commisération et de l'amour, deux sentimens aussi impérieux l'un que l'autre, et certainement communs à tous les hommes.

Rien ne prouve mieux combien nous nous sommes écartés des lois de la nature, que cet abandon total d'une de nos plus importantes facultés (19).

Il a certainement existé autrefois des sociétés parmi lesquelles le *magnétisme animal*, cette médecine si facile et si naturelle, a été exercé : mais dans la simplicité des mœurs anciennes, il devoit suffire aux hommes de se laisser aller à l'impulsion de leurs âmes compatissantes, pour opérer des soulagemens prompts et assurés. L'art de guérir, loin d'être une *science*, étoit, pour ainsi dire, un besoin : aussi n'a-t-il pas dû exister plus de règles pour cette opération, que pour toutes les actions physiques et de première nécessité que nous opérons sans calcul.

Si l'on suppose en effet qu'il a existé une société d'hommes justes et bons, satisfaits, dans toute la plénitude de leur être, des dons immenses que leur prodiguoit la nature, uniquement occupés à jouir de leur bonheur,

sans autres soins que celui d'en rendre grâces
au Créateur ; doués en outre d'une santé inal-
térable , dont aucunes passions désordonnées
ne venoient troubler la pureté ; n'en conclura-
t-on point qu'il ne devoit point alors s'occasionner de chocs destructifs entr'eux ? Les impulsions naturelles existant dans toute leur
force , on devoit y obéir aveuglément , et après
l'*amour* et l'*amitié* , c'étoit certainement la
charité active , fille de la sensibilité , qui devoit le plus remuer et affecter les âmes. Or,
l'effet , pour ainsi dire , machinal de ce dernier sentiment étoit précisément ce que nous
appelons aujourd'hui *magnétisme animal* , et
suffisoit par conséquent pour remédier à toutes
les maladies accidentelles , inséparables de l'espèce humaine.

Malgré l'éloignement où nous sommes actuellement de ce premier état , si naturel et
si heureux ; malgré tous les efforts que nous
faisons continuellement pour restreindre et
anéantir même quelquefois en nous ces premières impulsions , source du maintien de la
vie et des sociétés , nous sommes toujours forcés d'en reconnoître la loi impérieuse. Sans
amour , point de reproduction ; sans *amitié* ,
point de consolation dans nos chagrins , et de

même sans *sensibilité*, point de guérison assurée dans nos maladies. Ces trois attributs de
l'homme sont les seules sources de son existence, et chaque effet bienfaisant en est la suite
naturelle. Amour, amitié, sensibilité, quel
est l'homme assez malheureux pour mécon-
noître vos douces inspirations! Eh! le bonheur sur la terre est-il donc autre chose que
les jouissances que nous procurent ces trois
sentimens?

Les hommes, par leur nature physique, de-
voient donc, en suivant machinalement leurs
impulsions naturelles, être parfaitement heureux. De même que tout le reste des animaux,
la loi de l'équilibre universel devoit laisser subsister entr'eux une égalité parfaite. La matière,
soumise à des règles, ne pouvoit point se voir
déranger par la matière elle-même. Si donc
l'homme seul a pu les contrarier ces règles, bien
plus, les abandonner, au risque de voir dépérir
et s'anéantir même son existence, il faut bien
supposer en lui une impulsion capable de vaincre
l'ascendant impérieux de ses affections physiques. Quel motif physique peut mener à la destruction de son être physique? Ne nous aveu-
glons pas; la source des passions désordonnées,
tendant à combattre les impulsions de l'amour

et de la sensibilité, n'a pu être physique ; et depuis l'abandon que nous avons fait de notre faculté de soulager nos semblables, jusqu'au pouvoir que nous avons de nous détruire nous-mêmes *à notre volonté*, il est aisé d'apercevoir une chaîne immense de passions chez les hommes, qui, en prouvant en eux la possession d'une nature bien supérieure à celle des autres êtres, démontre évidemment l'emploi désavantageux qu'ils ont fait d'une liberté qui ne leur avoit été donnée que pour pouvoir s'en servir à ennoblir leurs affections terrestres.

D'après ce que je viens d'exposer, on doit sentir que le pouvoir de guérir par le *magnétisme animal*, est, de même que la végétation, la digestion, la reproduction, etc., un des mystères de la nature, que nous ne devons que reconnoître et admirer, sans espérer pouvoir jamais le bien comprendre ni l'expliquer : car, de même qu'en parlant d'une plante, nous disons que les sucs de la terre servent à développer son germe, et que, d'encore en encore, ces mêmes sucs la font croître et se fortifier ; nous pouvons dire de même, qu'en touchant avec constance et attention un malade que nous voulons soulager, nous lui communiquons une espèce d'esprit recteur, ou de fluide pénétrant, analogue à son germe ou principe vital, qui sert à le renforcer. Ces deux explications assurément, quoique satisfaisantes en apparence, ne nous donnent cependant point à comprendre l'opération de la nature, dont le travail nous échappe sans cesse, pour ne nous laisser apercevoir que des résultats.

Après avoir donc reconnu mon incapacité absolue à expliquer les travaux paisibles de la nature dans l'opération du *magnétisme animal*, j'ai donc dû me borner à être simple observateur des phénomènes que j'ai produits. Lorsque, pour la première fois, j'ai magnétisé un malade, je l'ai vu devenir entre mes mains dans un état qui m'étoit inconnu jusqu'alors. Mon étonnement et ma surprise étoient extrêmes ; je m'égarois dans mes réflexions, ou, pour mieux dire, la foule d'idées qui m'obsédoient, m'empêchoit de m'arrêter à une seule ; tantôt croyant me tromper moi-même, et tantôt imaginant que mon malade étoit devenu fou. Mais enfin je continuai à magnétiser le même homme plusieurs jours de suite, et chaque fois j'obtins le même effet : non content de cet essai, j'essayai ma puissance sur quantité d'autres individus, et en moins de quinze jours j'en trouvai plus d'une vingtaine qui, comme s'ils

s'étoient donné le mot, devinrent dans le même
état extraordinaire de mon premier malade.
Dans l'embarras d'un terme applicable à cet
état inconnu pour moi, je l'appelai dans le
temps *somnambulisme magnétique*, et alors
je me crus fondé à pouvoir assurer à qui vouloit
l'entendre, qu'il étoit possible de rendre les malades *somnambules magnétiques*. Mais comme
je ne pus pas expliquer comment l'on devenoit
somnambule, on n'ajouta aucune foi à ce que
j'annonçois, et l'on se moqua de ma crédulité.
Je montrai quatre ou cinq *somnambules ma-*
gnétiques à Paris ; cela ne persuada pas davantage. « Oh ! me suis-je dit alors, cessons toute
espèce de tentatives ; je ne puis avoir la prétention de forcer la croyance publique. Ainsi,
quoique ce que j'annonce soit une vérité des
plus incontestables, je ne m'en ferai certainement pas le martyr ». Je me suis donc borné
à faire part à quelques personnes déjà disposées
en faveur du *magnétisme*, des diverses expériences que j'avois faites : mes premiers mémoires furent reçus avec indulgence et intérêt
par les personnes à qui je les fis passer ; et enfin,
soit que naturellement on soit plus confiant
dans les provinces qu'on ne l'est à Paris, soit
que l'on ne s'y croie pas aussi savant, il est

de fait qu'on y a eu la simplicité de me croire : bien plus, on a essayé son pouvoir, d'après ses propres lumières et les foibles indications que mon plus d'expérience m'avoit fait donner. Qu'en est-il arrivé? C'est qu'aujourd'hui il n'y a plus guère que Paris dans le royaume où il n'y ait pas une grande quantité de malades *somnambules magnétiques*; partout on obtient les phénomènes et les cures les plus satisfaisantes ; à Paris seul, dans l'apathie la plus grande sur cet objet, on vous dit froidement que le *magnétisme animal* est tombé, qu'on n'en parle plus. Quoi qu'il en soit de l'opposition de la capitale à recevoir une vérité incontestable d'une si grande utilité aux hommes, il n'en est pas moins certain, en dépit même de toutes les académies de France, que le *magnétisme animal* produit des effets marqués sur tous les individus malades, et qu'un de ses principaux effets connus jusqu'à présent, est celui que nous désignons fort improprement sous le nom de *somnambulisme magnétique*.

Lorsqu'un effet quelconque est reconnu, il ne s'agit plus que d'examiner s'il est avantageux ou non de le produire, et certainement il n'y a que l'expérience qui puisse mener à la décision d'une pareille question. Or, depuis deux ans passés, toutes celles que j'ai acquises m'ont convaincu de la bonté et de l'excellence du *somnambulisme magnétique* : je crois pouvoir affirmer que tout être malade, susceptible d'entrer dans cet état heureux, et en qui il n'existe pas de destruction partielle, est sûr dès lors, *s'il est guidé avec soin*, de recouvrer sa santé première, et que la preuve de son rétablissement complet sera toujours manifestée par son insensibilité aux effets du *magnétisme*.

Au reste, qu'on ne me demande pas l'explication de tous les phénomènes que présente le *somnambulisme magnétique*; ils doivent varier à l'infini, comme tous les êtres susceptibles de le ressentir : la pressensation, la vision, le calcul précis du temps, la connoissance des maladies des autres comme de la sienne propre, le discernement des remèdes et de leur utilité, et tant d'autres facultés que l'homme acquiert dans l'*état magnétique*, ne sont, comme je l'ai déjà dit, que les résultats de diverses sensations particulières aux somnambules, et qui ne peuvent par conséquent être appréciées par des êtres qui ne les ont point éprouvées. Mais je dis plus, quand même je les aurois éprouvées ces sensations, il me seroit tout aussi impossible d'en faire prendre aux autres une juste idée, qu'il me le seroit de donner à un aveugle de naissance l'idée de la sensation des couleurs.

Quelques *somnambules magnétiques*, dirigés avec soin, ont, par exemple, la sensation de la durée du temps. Ils annoncent, avec certitude, le terme où cessera tel ou tel effet qu'ils éprouvent ; et lorsque ce terme arrive, ils en avertissent à la minute. Je puis bien hasarder une explication sur ce phénomène, mais qui probablement ne le fera pas comprendre davantage.

Si un *être magnétique* juge aussi pertinemment du temps que doit durer sa maladie, n'est-il pas raisonnable de penser que ce n'est que d'après la connoissance du bien-être qu'il a déjà éprouvé dans ses crises précédentes, joint à la somme de soins qu'il reçoit chaque jour ? Dès lors ne voilà-t-il pas pour lui une progression géométrique décroissante, dont le premier terme et la différence lui sont connus ? Mais comme un *être magnétique* ne calcule pas, il faut donc que ce qui pour nous ne seroit que le résultat d'une opération pénible de mathématique, soit pour eux tout simplement une sensation finie ; et si l'on continue avec assiduité ses soins à un malade, si l'on ne porte pas son attention à des objets étrangers à sa santé, si enfin il ne lui arrive aucun accident imprévu ; on doit sentir que ses pronostics sur le terme de sa guérison, ne peuvent manquer de se réaliser.

La mine riche en découvertes du *somnambulisme magnétique*, est ouverte aujourd'hui à quiconque voudra y puiser; déjà de tous côtés j'entends raconter des phénomènes nouveaux pour moi. A *Bordeaux* et à *Toulouse*, m'a-t-on dit, il y a deux êtres qui, après avoir été guéris par le passage du *somnambulisme magnétique*, ont conservé en santé la propriété singulière de reconnoître ou sentir les maladies des autres.

Je connois un jeune homme de quatorze ans, qui, après avoir indiqué, dans l'*état magnétique*, une manière quelconque de se toucher lui-même, a eu la faculté, pendant le temps fixé par lui comme terme de sa guérison, de se faire tomber en *crise* tout seul, et de s'en faire sortir de même.

Il y a trois mois que je reçus de M. *Leclerc*, fermier général des domaines de la Lorraine, une lettre dans laquelle il me mandoit ce qui suit :

« J'ai fait tomber en *crise*, il y a quelques » jours, une fille qui souffroit depuis long- » temps. Je lui ai fait toucher un de mes do- » mestiques, à qui il restoit, à la suite d'une

» fièvre , des maux de tête considérables. Ma
» somnambule a dit qu'on pouvoit le guérir
» avec des fumigations de plantes qu'on trou-
» voit dans les bois , mais qu'elle seule pou-
» voit connoître ; que , pour qu'elle s'en sou-
» vînt après sa sortie de *crise* , il falloit , pen-
» dant qu'elle y étoit encore , que je lui tou-
» chasse sur la tête à un endroit qu'elle m'in-
» diqua : je l'ai fait. Le lendemain cette fille a
» été au bois ; nous l'y avons suivi. Elle y a
» cherché fort long-temps , et elle en a rap-
» porté les plantes. On a fait les fumigations à
» mon homme, et les maux de tête ont dis-
» paru. Comment trouvez-vous cette combi-
» naison de se faire toucher sur la tête , pour
» se ressouvenir, hors de *crise* , des remèdes
» ordonnés pendant qu'on y étoit »?

La série des phénomènes véritablement merveilleux que l'état de *somnambulisme magnétique* doit produire , ne peut pas , je crois ,
se calculer. Les propriétés de nos sensations
sont à peine reconnues ; et qui peut borner
le terme où elles s'arrêtent ? Les merveilles
de l'antiquité , les erreurs de la magie , l'art
menteur de la sorcellerie et de la divination ,
le pouvoir de donner des visions aux enfans
comme aux hommes raisonnables, dont l'es-

prit est exalté ou prévenu ; toutes ces choses, dis-je, ont une base de vérité à laquelle il est impossible aujourd'hui de ne pas croire. De tout temps il a existé des hommes que le hasard des circonstances, ou l'organisation fortement prononcée, a portés presque machinalement à l'étude de leurs sensations : de là ils n'ont eu qu'un pas jusqu'à la reconnoissance de leur pouvoir. Si l'on joint à cela beaucoup d'ignorance, avec un esprit actif et facile à s'enflammer, on aura des idées justes et reposées de tous ces prétendus inspirés, souvent de très-bonne foi, et qui, de tout temps, ont appuyé de prodiges apparens leurs annonces mensongères. Je sais bien qu'aujourd'hui encore, si quelqu'un me proposoit, avec l'air du plus grand mystère, de me faire voir *Henri IV*, je m'y refuserois avec effroi, bien certain que si je m'exposois à pareille aventure, je risquerois d'être mis, par une puissance physique plus forte que la mienne, dans un état de désordre pendant lequel je pourrois certainement me figurer en songe les objets qui auroient frappé mon imagination précédemment, et que, conservant, dans l'état naturel, l'idée seule de ma vision, sans celle de l'état par lequel j'aurois passé, je courrois risque de croire fermement à la plus grande absurdité qu'il soit possible d'imaginer. Que l'on consulte toutes les personnes raisonnables qu'une curiosité inconsidérée a portées à se confier à ces prétendus prophètes, et qu'elles disent si, en sortant des lieux ténébreux où on leur a fait voir des prodiges, elles ne se sont pas trouvées fatiguées, harassées à l'excès, et quelquefois même dans un désordre très-grand, effet très-simple de l'état convulsif et forcé où il a fallu qu'elles entrent pour que les nerfs exaltés de leur cerveau pussent retracer à leurs âmes l'objet de leurs désirs. Il n'en est pas de même à l'égard d'un enfant : la foiblesse de ses organes doit le rendre plus mobile à la volonté d'un homme exercé dans ce genre : aussi est-ce sans effort apparent qu'il doit entrer dans un état soi-disant de divination, qui n'est autre que celui d'une dépendance absolue de tous les caprices de l'être qui le maîtrise.

Au reste, il est à présumer, comme je l'ai déjà dit, que, dans toutes les illusions de ce genre, prophètes et inspirés sont souvent de bonne foi, et qu'un petit cours de physiologie et de physique expérimentale qu'on les forceroit de suivre avec attention, les corrigeroit bien plus efficacement qu'une persécution, qu'ils regardent comme manque de lumières spirituelles de la part de ceux qui ne croient pas à leurs rêveries.

Je ne pousserai pas plus loin les aperçus que je pourrois faire touchant les lumières infinies que l'étude et la pratique du *magnétisme animal* peuvent nous procurer. Mon but unique a été de faire envisager ce moyen comme curatif dans la plupart de nos maux, et je crois y avoir réussi. Puisse ce résultat de mes observations entretenir et échauffer la confiance de ceux qui déjà s'occupent avec succès du *magnétisme animal*, et suspendre les préventions mal fondées des détracteurs de cette découverte!

Peut-être qu'un jour les sciences, parmi nous, se perfectionneront; peut-être que nos savans arriveront au point d'admettre des phénomènes et des vérités qu'ils ne peuvent expliquer. Alors il y a lieu d'espérer que l'art de guérir ne sera plus une science : jusquelà tous nos efforts seroient vains pour le persuader. Cette époque, quelqu'éloignée qu'elle soit, arrivera, nous n'en pouvons douter ; le temps seul l'amenera. En attendant, jouissons tranquillement de nos connoissances anticipées, et qu'au moins chaque magnétiseur devienne à l'avenir le seul et unique médecin de tous les êtres qui l'intéresseront et qui se confieront à lui.

NOTES.

(1 , *page* 13.) DEVINER la pensée de quelqu'un est fort différent d'agir d'après cette même pensée. Dans ce second cas, *Madeleine* n'étoit pas plus extraordinaire que tous les autres *somnambules magnétiques*, dont le nombre aujourd'hui s'est si fort multiplié. Quoi qu'il en soit, ce phénomène, dans sa simplicité, n'en est pas moins difficile à expliquer.

Il a paru sur cette matière deux ouvrages intéressans et curieux, qui tendent à soulever le voile derrière lequel la nature s'étoit cachée. Le premier de ces ouvrages est l'*Essai des probabilités du somnambulisme magnétique*, par M. *Fournel*, avocat au parlement. Le but de l'auteur est de familiariser les esprits avec les phénomènes du *somnambulisme magnétique*, en établissant leur analogie avec d'autres phénomènes très-connus et avoués par les médecins et les physiciens. L'autre ouvrage est l'*Essai sur la théorie du somnambulisme magnétique*, par M. *T. D. M.*; c'est une suite naturelle du premier. L'auteur y donne d'excellens aperçus sur l'objet qu'il traite. Par la modestie de son style, il engage plus à penser et à réfléchir avec lui, qu'il ne montre de prétention à soumettre les opinions. Il est à désirer que d'autres bons observateurs nous fassent ainsi part de leurs succès et de leurs réflexions.

(2, *page* 20.) Je ne prétends pas donner dans cet exemple une preuve de la spiritualité de l'âme, puisque je ne considère la pensée qu'un objet extérieur détermine en nous, que comme un effet très-matériel d'une impression produite sur les sens. Quant à la liberté de vouloir ou d'agir d'après cette même pensée, c'est une autre opération que je n'expliquerois pas peut-être aussi physiquement........ Mais mon objet, dans ce moment-ci, n'est pas de traiter cette question ; mon but est simplement de faire considérer la pensée comme un commencement d'action, comme un mouvement à sa source, lequel est capable de porter une impulsion déterminante sur un *somnambule*, en raison de son plus ou moins de mobilité magnétique.

(3, *page* 28.) Comme ce livre-ci peut être lu par des personnes qui, n'ayant aucune idée du *magnétisme animal*, auroient néanmoins la bonne foi de chercher à s'éclairer sur son importance, je crois devoir étendre mon idée sur l'utilité accidentelle de l'aimant dans le traitement des maladies.

J'ai dit qu'après le verre, je regardois l'aimant comme un des meilleurs conducteurs du *magnétisme animal*. Dès lors on doit sentir qu'une baguette aimantée, dans la main d'un homme qui croit soulager un malade par ce moyen, devient tout naturellement conducteur du fluide ou électricité animale, et qu'alors ce malade, sans qu'il s'en doute, peut se trouver magnétisé aussi efficacement que par le magnétiseur le plus éclairé. *Confiance* dans le moyen qu'on emploie, *espérance* de porter soulagement, *attention soutenue et attouchement immédiat*, tout enfin se trouve réuni pour opérer l'effet le plus prompt et le plus avantageux. Je ne serois même pas étonné qu'avec beaucoup de constance et d'intérêt pour un malade, on parvînt, sans autre moyen, à le guérir de la maladie la plus chronique ; mais, je le répète encore, ce ne sera jamais à la vertu particulière de l'aimant qu'on devra attribuer ces succès, mais bien à la main qui, en l'employant *avec la foi la plus aveugle*, *lui aura communiqué sa vertu sanative.*

(4 , *page* 53.) On pourroit dire que l'*électricité aérienne* est à l'*électricité animale*, ce que l'esprit-de-vin est à l'*éther*. Cette dernière substance est, comme l'on sait, la plus pénétrante de toutes les liqueurs que nous connoissons. Si d'une certaine hauteur on laisse tomber en même temps sur sa main une goutte d'éther et une goutte d'esprit-de-vin, la première ne fera éprouver aucune sensation, tandis que la deuxième, venant frapper la main, y restera sensiblement attachée. C'est cette propriété particulière de l'éther de se diviser à l'infini, qui le rend si favorable lorsqu'il est pris intérieurement et avec ménagement. Si la promptitude de ses effets est extrême, c'est que l'éther, étant, pour ainsi dire, un des derniers résultats de la nature, est une des substances la plus approchée de l'état du *fluide universel.*

On sent que, si au lieu d'éther, on faisoit prendre dans la même circonstance à un malade de l'eau-de-vie ou de l'esprit-de-vin, on occasionneroit en lui un désordre véritable, et qu'avant que la partie éthérée de ces liqueurs eût pu produire un effet avantageux, leur poids et leurs vapeurs grossières auroient troublé toute l'organisation et le cerveau du malade.

Il en est de même de l'*électricité aérienne*. Son action agit bien certainement sur notre système nerveux ; mais, de même que dans l'exemple ci-dessus de l'esprit-de-vin, ce n'est que d'une manière extrêmement grossière : les *molécules électriques*, si l'on peut s'exprimer ainsi, ne peuvent jamais s'unir ni s'assimiler aux nôtres ; elles ne produisent qu'un choc ou un ébranlement plus ou moins considérable, dont l'effet est aussi passager que le son : moins la vibration donnée à nos nerfs aura été forte, et moins le mal que nous en éprouverons sera grand. Mais si l'on répétoit long-temps de suite ces mêmes vibrations, on peut aisément conclure les accidens qui pourroient et devroient en résulter dans tout le système nerveux.

L'*électricité animale*, au contraire, infiniment plus pénétrante que l'*électricité aérienne*, par son analogie avec notre système, se marie avec nos humeurs, et les vivifie tout le temps que son action dure : loin de s'échapper et de ne laisser après elle qu'une vibration plus ou moins malfaisante dans nos nerfs, elle s'empare tellement de nos facultés, que nous sommes susceptibles de devenir à son égard ce que les bouteilles de Leyde sont à l'égard de l'*électricité aérienne*. Et enfin, lorsque nous cessons de ressentir des effets marqués de cette influence bienfaisante, c'est la preuve de l'équilibre le plus parfait dans lequel nous puissions être avec la nature.

(5 , *page* 59.) Je ne suis pas de l'avis de plusieurs personnes pratiquant le *magnétisme*, qui croient qu'il est différens moyens de se charger soi-même d'électricité pour agir plus fortement sur un malade : je ne connois du moins aucun moyen pour cela, et je n'ai jamais cru devoir en chercher.

Un magnétiseur n'appauvrit point son *principe vital* lorsqu'il magnétise ; il peut fatiguer ses ressorts en magnétisant trop long-temps ou dans des positions gênantes, comme il se fatigueroit en faisant tout autre exercice quelconque ; mais on auroit tort d'imaginer que c'est aux dépens de son électricité propre qu'il en communique à un malade. On pourroit comparer l'opération magnétique à celle d'une bougie dont la flamme peut en allumer vingt autres, sans rien perdre de son incandescence. Un corps enflammé ne fait autre chose que porter son action sur un autre corps dans lequel le *phlogistique* ou *principe vital* est encore renfermé. Plus ce phlogistique est prêt à s'échapper comme dans une bougie, et en général dans tous les corps peu denses, et dont la cohésion n'est pas très-forte, et plus la flamme s'y manifeste promptement : de même, lorsqu'on magnétise, l'action que l'on porte sur le principe vital d'un malade, le fait d'autant plutôt réagir, qu'il est prêt à se développer de lui-même ; mais c'est toujours sans que celui du magnétiseur perde rien de sa force et de son activité.

(6 , *page* 61.) Les anciens avoient l'idée de deux essences dans l'homme, l'une spirituelle et l'autre matérielle.

L'ancienne théologie des *Hébreux* parloit de l'homme selon ces trois rapports ; *mens*, *anima* et *corpus*, l'esprit, l'âme et le corps. Les *Egyptiens* croyoient de même l'homme partagé en trois parties distinctes, en *entendement*, en *âme* et en *corps terrestre et mortel*. Ils regardoient l'entendement comme la *partie spirituelle de l'âme* ; l'âme comme le *corps subtil et délié* dont l'entendement étoit revêtu ; et le corps terrestre, comme *animé par l'âme*, c'est-à-dire, par le *corps subtil*.

Pythagore, qui avoit puisé beaucoup de lumières chez les Egyptiens, enseignoit que l'âme intelligente étoit revêtue d'un corps subtil qu'il appeloit *char de l'âme*, lequel faisoit la communication des deux natures. Il prétendoit que cet intermédiaire étoit lumineux, et que, mû par l'âme intelligente, son action pouvoit s'étendre sur toute la nature. Ce *char de l'âme*, cet intermédiaire lumineux de *Pythagore* ressemble beaucoup, ce me semble, à ce que nous désignons aujourd'hui sous le nom de *magnétisme* ou *électricité animale*, et je doute que le philosophe grec eût pu s'expliquer plus clairement, s'il eût connu les phénomènes nouveaux que cette découverte nous présente.

Pythagore ne voyoit que l'homme seul doué d'une âme intelligente et immatérielle, et jugeoit que l'âme sensible ou principe des sensations et de l'instinct, chez les animaux, devoit être de même nature que l'âme animale, où le char subtil de l'âme de l'homme. Ces idées, aussi simples que sublimes, étoient assurément bien contradictoires aux systèmes de la métempsycose : aussi est-il très-faux que *Pythagore* ait jamais enseigné cette doctrine de la manière dont les poètes l'ont présentée, et l'on ne trouve aucun vestige de cette idée absurde dans les *Symboles* qui nous restent de lui, ni dans les préceptes que ses disciples ont recueillis, et nous ont laissés comme des précis de sa doctrine.

Je ne sais si nos philosophes d'aujourd'hui ne gagneroient pas beaucoup à retourner à l'école de *Pythagore*, et si nos savans ne trouveroient pas dans ce *char lumineux*, dans cet *intermédiaire subtil*, le moyen de réunir leurs différens systêmes sur la nature des êtres.

(7 , *page* 66.) Le rapport continuel qui existe entre l'arbre de *Buzancy* et moi, m'est démontré par le fait. L'été dernier, tandis que j'étois à *Strasbourg*, plusieurs malades que j'avois mis précédemment en *crise magnétique*, continuoient de tomber dans cet état singulier, toutes les fois qu'ils alloient sous son ombrage. Je ne puis me rendre raison de ce phénomène, qu'en assimilant l'état d'un arbre magnétisé à celui d'une barre aimantée, qui, tant qu'elle n'éprouve pas d'altération, conserve sa propriété magnétique, et la manifeste chaque fois qu'on lui oppose un corps en analogie avec elle : de même, lorsqu'un arbre est une fois (si l'on peut s'exprimer ainsi) aimanté animalement, il faut apparemment qu'il conserve de même ses propriétés magnétiques, et qu'il soit susceptible de les manifester à l'approche des êtres déjà magnétisés, en raison des analogies.

Du reste , je ne comprends pas plus ce phénomène dans l'arbre , que je ne le comprends dans l'aimant ; mais je puis certifier qu'il est aussi manifeste dans l'un que dans l'autre.

Quant au temps que doit durer la propriété magnétique d'un arbre , je n'y vois d'autre terme que la mort ou l'oubli total du magnétiseur ; encore devroit-il toujours , à ce que je pense , manifester son influence sur les différens êtres qui , continuant à être malades , en auroient une fois ressenti les effets.

(8, *page* 69.) Pour calmer un effet trop violent que le *magnétisme* a produit , c'est encore dans la volonté seule qu'il faut en chercher la puissance. Lorsque je magnétise un malade , je ne sais jamais d'avance l'effet que je vais lui produire ; mais ce dont je suis bien sûr , c'est que mon *action magnétique* doit lui être utile et salutaire. N'ayant aucune raison de préférer un effet plutôt qu'un autre , la sensation de plaisir ou de peine que j'éprouve , est la seule règle de ma conduite. Si je vois , par exemple , que mon action magnétique occasionne des commencemens de spasme , de délire , de convulsion , etc. ; à coup sûr , ces effets me déplaisent et m'affligent , par la raison que mon but étant d'ôter ou de calmer les maux d'un malade , je ne puis me plaire à lui en voir souffrir de nouveaux : alors tout machinalement, la volonté que j'ai de faire cesser l'effet violent que j'ai produit, radoucit mon attouchement et diminue mon action.

Je ne serois pas étonné , lorsque , par la suite , nous

serons tous d'accord , que la douceur plus ou moins grande des effets magnétiques ne devienne pour les hommes un thermomètre de sensibilité.

Ce n'est pas comme je l'ai déjà dit , qu'une maladie puisse se guérir sans souffrances ; je pense au contraire qu'elles sont nécessaires : mais je crois en même temps que c'est toujours à la nature seule qu'il appartient de les déterminer. Au commencement d'un traitement , j'appaise toujours les effets qui me blessent et qui me paroissent désordonnés. Depuis que j'ai commencé à magnétiser , je puis affirmer n'avoir jamais laissé prendre de convulsions à aucuns malades , à moins qu'étant devenus *somnambules magnétiques* , ils ne m'ayent assuré qu'à telle époque elles leur devenoient nécessaires. Je n'en agis pas de même à l'égard des douleurs simples sans convulsions que je fais ressentir en magnétisant ; cet effet , sur les êtres surtout qui ne deviennent point somnambules , est ordinairement salutaire, et l'on ne peut trop chercher à l'obtenir. C'est dans ce cas qu'il est toujours avantageux d'augmenter les souffrances d'un malade , jusqu'à un certain degré , par *un attouchement soutenu et fortement déterminé* , pourvu qu'avant de l'abandonner on ait toujours la *volonté de calmer* , le plus possible , l'effet qu'on a produit.

(9, *page* 75.) Lorsque les *somnambules magnétiques* ont les sensations bien distinctes , leurs annonces et pronostics sur tout ce qui concerne leur santé , sont toujours de la plus grande vérité. En suivant avec une exactitude scrupuleuse toutes leurs indications , il ne doit jamais y avoir de variations dans l'accomplissement de ce que j'appelle leur *pressensation*. Mais comme il est bien difficile que, dans le cours d'un traitement, il n'y ait pas quelqu'oubli de la part du magnétiseur, ou quelqu'indiscrétion de la part du magnétisé, il est bien rare d'en voir se terminer, sans que quelque cause seconde ne vienne déranger plus ou moins le premier ordre établi. Au reste, en y remédiant sur-le-champ, il n'est pas difficile de réparer ce mal passager, et l'on y réussit toujours.

(10, *page* 102.) Vers le même temps, *Ribault* fit une autre cure non moins prompte et moins intéressante que celle du petit *Amé*. La nommée *Adélaïde*, femme de chambre de madame de *S*., étoit arrivée à *Buzancy* le 29 avril avant sa maîtresse. Cette femme, depuis quatre mois qu'elle étoit accouchée, se sentoit tourmentée par une humeur de lait qui lui causoit des douleurs dans presque toutes les parties du corps, et principalement dans les seins. *Ribault* lui proposa le 30 de la magnétiser ; à quoi elle consentit plutôt par plaisanterie qu'autrement : mais au bout de sept à huit minutes, cette femme tomba, entre les mains de son magnétiseur, dans le *somnambulisme* le plus clairvoyant. Dès cette première séance, elle régla la suite de son traitement ; *savoir*, le premier mai, il falloit qu'elle fût en crise à midi, et y restât pendant deux heures ; le 2 mai, depuis deux heures jusqu'à trois, et le 3 mai, depuis quatre heures jusqu'à cinq. Il falloit avoir soin qu'elle ne mangeât qu'après être sortie de sa crise ; et le 4 mai, on ne devoit plus lui

produire aucun effet. A chaque séance, *Adélaïde* indiquoit, d'une manière extrêmement curieuse et intéressante, le travail qui se passoit en elle, et le chemin que le lait parcouroit pour descendre de la tête et
des seins. « Je n'aurai pas (ajoutoit-elle alors) d'é-
vacuation dans ce moment - ci , mais dans seize
jours, à certaine époque, il me faudra prendre quatre
gros de sel de *duobus* dans un bouillon, et tout mon
lait partira ». Tout s'est passé en effet absolument comme elle l'avoit indiqué ; et depuis ce temps
elle est très-bien portante.

(11 , *page* 105.) Le jeune *Amé*, par la distinc-
tion qu'il m'a faite de certains doigts dans la main ,
est le seul, de tous les *somnambules magnétiques* que
j'ai observés, qui m'ait rappelé la théorie des poles
dans l'homme, dont M. *Mesmer* parle dans ses *Apho-
rismes*. Jusque-là je n'avois jamais eu l'occasion d'en
observer ni d'en reconnoître ; et j'avoue que , malgré
le soupçon que j'ai de leur existence, je n'y fais
jamais attention lorsque je magnétise. De quelle utilité
en effet peut être une propriété que la *volonté* d'un
magnétiseur peut maîtriser et anéantir sans cesse ? Je
sens bien que la matière en général est soumise à des
règles auxquelles l'homme , physiquement parlant,
doit obéir, comme le reste de la nature ; je vois cette
obéissance dans l'homme se manifester par toutes les
influences qu'il reçoit de l'atmosphère, et de tous les
corps qui environnent son être ; je reconnoîtrai même,
si l'on veut, que ces différentes actions qu'il reçoit
ainsi , se communiquant à lui par des poles , vien-

nent se concentrer dans son équateur, pour ensuite ressortir et circuler en lui par deux points déterminés : mais dans l'effet produit par un acte de ma volonté, je ne vois plus de règle ni de direction prédominante : soit que je touche avec la main ou avec le pied, soit que je n'emploie qu'un simple regard, soit que je n'agisse que par la pensée, de loin comme de près, enfin, je vois toujours les mêmes résultats s'ensuivre. Que deviennent donc alors les lois des poles, des courans, etc. ?.... Sans doute ces lois existent toujours ; je ne veux ni ne puis les détruire ; mais bien certainement, puisque, sans y avoir égard, j'agis avec la plus grande force sur la matière, il faut bien que je les maîtrise ces lois, et les fasse céder à un empire beaucoup plus fort que celui qu'elles exercent. N'est-ce pas ici le lieu de rappeler l'épigraphe de ce Livre, dont cette note donne assez l'explication ?

Spiritus intus alit ; totamque infusa per artus
Mens AGITAT MOLEM, et magno se corpore miscet.

(12, *page* 135.) Catherine *Vidron* a passé par tous les périodes qu'elle avoit annoncés ; ses deux saignées lui ont été faites à Paris, étant dans l'*état magnétique*, par M. *Dumont*, chirurgien de l'hôpital de la Charité. Celle du pied a été reculée par elle au 5 janvier, à cause de l'époque de ses règles qui ont duré jusqu'au 3. Sa médecine et ses quatre jours de diète l'ont menée jusqu'au 12 du même mois, et depuis ce jour jusqu'au 24, elle a éprouvé les fortes convulsions qu'elle avoit annoncées ; savoir, le 12

et le 13, quatre attaques ; le 14 et le 15, six attaques,
et ainsi de suite, jusqu'à quatorze attaques dans une
heure de temps, suivies d'une demi-heure de foiblesse
ou de léthargie. Le 25, ses règles se sont manifestées
pour la quatrième fois, depuis le commencement de
son traitement : elle m'avoit annoncé que, quoique
guérie, je pourrois la faire tomber en crise tranquille
de *somnambulisme*, tout le temps de son époque ;
ce qui a eu lieu effectivement jusqu'au 31 janvier ; et
le premier février, je n'ai plus eu le pouvoir de la mettre
dans l'*état magnétique*.

Il est à remarquer que Catherine *Vidron*, dans le
cours de son traitement magnétique, a passé successivement par tous les périodes de souffrances qu'elle
avoit éprouvées il y a six ans dans une forte maladie,
dont probablement elle n'avoit point été bien guérie : maux de tête violens, inflammation à la gorge,
point de côté, douleur dans le bras, coliques, et
jusqu'à des clous, elle a tout éprouvé successivement. Depuis le 3 janvier, elle m'avoit ordonné de
lui faire passer les nuits dans l'*état magnétique*,
afin de faciliter les fortes transpirations qu'elle devoit
avoir. En effet, tous les matins à sept heures, lorsqu'elle sortoit de crise, elle se trouvoit ruisselante de
sueur. Il m'est arrivé une seule fois d'oublier, en
rentrant chez moi, de l'aller magnétiser : elle fut
toute la nuit dans une agitation extrême, combattue
par le désir de venir m'éveiller, et la honte qu'une
telle démarche lui inspiroit : le lendemain, j'eus bien
de la peine à réparer les accidens que mon oubli avoit
causés, et le retard de sa guérison jusqu'au 25 en a

été la suite. Dans sa dernière crise du 31, elle m'a ordonné de la magnétiser encore aux heures qui me seroient commodes, jusqu'au 15 février; m'annonçant que ses sueurs abondantes ne cesseroient que le 7 février, et que, jusqu'au 15, elle éprouveroit de légers effets. J'ai su d'elle encore que l'époque de ses règles seroit pour le 20 du même mois.

Aujourd'hui, 24 février, je certifie que tout ce que je viens de détailler a eu son exécution à la lettre, et que Catherine *Vidron* se porte à merveille.

(13, *pag.* 139.) Les *somnambules magnétiques* ne doivent pas toujours être susceptibles de connoître les maladies des autres : cette propriété n'étant qu'une sensation chez eux, s'affoiblit ou se perfectionne, suivant les états différens dans lesquels ils se trouvent. Tous ceux dont je me suis servi comme *médecins*, ont éprouvé cette alternative : aussi est-ce avec une réserve infinie que je les questionne sur cet objet. Un *somnambule magnétique* n'est pas toujours médecin; il peut souvent être très-bon et très-juste dans ses pronostics pour lui-même, et ne rien savoir juger dans les autres. Quelquefois, après avoir eu la propriété de se connoître aux maladies, il peut perdre cette propriété, et ne la recouvrer qu'à certaine époque.

Cette observation est bien nécessaire à méditer par ceux qui ont à conduire des *somnambules magnétiques*. Combien de fois, j'en suis certain, il a dû leur arriver d'être mécontens de leur réponse, et de voir bien des personnes mises en rapport avec eux, s'en retourner peu satisfaites de leur consultation ! d'où s'ensuit toujours des doutes fondés sur la réalité même de l'état de *somnambulisme magnétique*. Hélas ! ce n'est pas aux malades somnambules qu'il faut s'en prendre de toutes les incohérences et absurdités qui se rencontrent souvent dans leurs discours , mais bien aux magnétiseurs , qu'une aveugle curiosité conduit , la plupart du temps , dans leurs expériences. On croit que , parce qu'un être magnétique a eu la facilité de voir une chose ou d'en juger aujourd'hui , il le pourra demain : en conséquence , on appelle des témoins pour juger de l'extrême sagacité de son somnambule. Qu'arrive-t-il souvent? C'est que l'état de la maladie , qui a varié , a apporté en même temps du changement dans les sensations du somnambule. Néanmoins , le magnétiseur veut qu'il parle , qu'il réponde ; et son enthousiasme l'aveuglant , il finit par faire céder sous l'empire de sa volonté , cet être magnétique , qui , par complaisance pour lui , débite une quantité de rêveries.

Mais , dira-t-on , comment croire un mot de ce que disent les *somnambules magnétiques* , s'il leur arrive souvent de se tromper ? A cela je réponds que , sans confiance dans un magnétiseur , il est impossible d'en avoir dans l'être qui lui est soumis. La même raison qui règle la conduite dans l'ordre commun des choses , doit , à plus forte raison , la régler dans les opérations magnétiques , où la dépendance des subordonnés est certainement la plus grande que nous connoissions.

L'enthousiasme , l'envie , ou l'intérêt de prouver

une chose que l'on a avancée comme certaine, doivent nécessairement donner à la volonté une impulsion manifeste, et je me méfierai toujours des résultats que ces sentimens détermineront, tandis que je mettrai ma confiance (au risque même d'être trompé tous les jours) dans l'homme en qui je ne reconnoîtrai que le désir de faire du bien; car sa volonté alors ne pourra jamais être de me surprendre par des merveilles, ni de me tromper par des apparences.

Pourquoi vouloir avoir des sibylles, des prophètes, des médecins, des oracles, et même des somnambules? Ce n'est pas là le but tranquille auquel un magnétiseur doit tendre; il ne doit vouloir que guérir et faire du bien; les résultats de toute autre volonté ne peuvent être que faux et mensongers : et c'est, je crois, un grand bonheur pour les hommes, d'avoir assez de philosophie pour être en garde contre toutes les chimères qu'ont fait enfanter, dans les têtes exaltées, les phénomènes simples et sublimes du *somnambulisme magnétique*.

(14, *page* 142.) La suite de l'écrit de *Vielet* est dans mon porte-feuille. Si je ne me permets pas d'en publier le contenu, c'est qu'il s'y trouve des choses si extraordinaires et si éloignées de la portée d'un paysan, qu'il me paroît impossible qu'on puisse croire qu'il en soit l'auteur. Ma retenue sur ce sujet n'est pas la seule que je me sois imposée : sachant combien tout ce qui tient au merveilleux est fait pour éloigner les hommes de la vérité, j'ai soin de tenir secret tout ce qui n'a pas un rapport direct aux maladies des *somnambules magnétiques.* Eh ! n'est-ce pas déjà un phénomène assez difficile à croire que celui de leurs pressensations ? Tout magnétiseur prudent ne devroit pas, ce me semble, parler d'autre chose dans ce moment-ci. En effet, quelqu'extraordinaire que soit ce phénomène, c'est, sans contredit, le plus commun et le plus facile à prouver ; puisqu'on peut dire, avec vérité, que la pressensation est inhérente à l'état de *somnambulisme magnétique.* C'est en même temps l'accessoire le plus satisfaisant de cet état singulier, puisqu'il tend directement au soulagement de l'humanité. C'est donc par lui seul qu'on peut engager les hommes à croire aux effets du *magnétisme.* Ce premier pas une fois fait, il ne sera plus dangereux de parler ouvertement de tous les autres phénomènes qui se rencontrent souvent dans la suite d'un traitement magnétique, lesquels étant aussi variés et aussi peu constans que le sont les différens degrés de sensibilité par lesquels les *somnambules magnétiques* peuvent passer, ne doivent jamais être rapportés que comme de simples observations absolument étrangères à la conduite qu'on doit tenir à l'égard des malades.

Ce qu'un *somnambule* a fait, vingt autres souvent ne le pourront répéter, tandis que chacun en particulier manifestera de même d'autres phénomènes qui lui seront propres. Enfin, un magnétiseur doit s'estimer trop heureux, si, dans le cours d'un long traitement, il lui arrive (sans qu'il l'ait cherché) un seul évènement extraordinaire, fait pour étonner son esprit autant que pour éclairer sa raison.

(15, *page* 147.) Si *Vielet*, quoique guéri, tomboit

encore en *crise magnétique* pour des instans seulement, je crois que sa foiblesse en étoit cause. Il eût sûrement été nécessaire, pour l'affermissement de sa santé, qu'il eût continué à être *magnétisé* quelque temps encore, jusqu'à ce qu'il eût été mené à l'*insensibilité magnétique*, qui, selon mes observations, est la *seule* preuve convaincante d'un parfait rétablissement : mais cet homme avoit les devoirs de sa nouvelle place à remplir ; il étoit tourmenté par l'inquiétude de la perdre, s'il séjournoit trop long-temps chez moi ; toutes ces raisons m'ont déterminé à ne pas le retenir davantage, d'autant qu'il m'avoit assuré, dans l'*état magnétique*, qu'à l'aide du régime qu'il s'étoit prescrit, sa santé s'affermiroit totalement dans le cours de l'hiver.

J'ai eu à *Strasbourg*, l'été passé, un exemple frappant de l'effet du *magnétisme* sur un individu foible, sans autre mal apparent.

M. *de Pont-le-Roy*, officier d'artillerie, fils du *lieutenant général des armées du roi*, portant le même nom, avoit la fièvre et un malaise général, lorsqu'il consentit à se faire *magnétiser*. Au bout de deux ou trois séances, il devint dans l'état *du som- nambulisme le plus clairvoyant* ; et dès lors il sut si bien se diriger, qu'en très-peu de temps sa santé s'étoit rétablie. Néanmoins il continuoit toujours à tomber en *crise* : je lui en demandai un jour la raison. « Elle est très-simple, me répondit-il ; je suis d'une complexion foible, sans être précisément malade. Je pourrois acquérir un certain bien-être qui me manque. Il en est de moi (je rapporte ses propres expressions) comme d'un homme avec une fortune honnête , qui sentiroit la possibilité de l'augmenter. Je ne pourrai jamais devenir aussi robuste qu'un homme mieux constitué que moi ; mais enfin il est des perfections relatives ; et jusqu'à ce que j'aie acquis celle dont je suis susceptible, vous pourrez toujours me mettre en crise ».

Le temps des *semestres* , joint au désir qu'il avoit de retourner à *Saint-Germain* auprès de sa famille , ne m'a pas permis de continuer à le *magnétiser*. Néanmoins il est aujourd'hui en aussi bonne santé que sa complexion peut le permettre.

Comme la maladie de M. *de Pont-le-Roy* n'étoit pas bien inquiétante , je me permettois souvent , lorsqu'il étoit en *crise* , de lui faire des questions sur le *magnétisme* et sur l'état de *somnambulisme* : ses réponses étoient aussi claires qu'intéressantes , et faites pour répandre les plus grandes lumières sur cet état singulier.

Un jour , entr'autres , que je prononçois devant lui le mot de *somnambulisme* : « Pourquoi , me demandat-il , désignez-vous ainsi l'état où je suis ? Le mot de *somnambulisme* porte avec lui l'idée de sommeil , et certainement je ne dors pas. . . . . Il faudroit , ajoutat-il dans le cours de notre conversation , trouver un mot composé , qui exprimât les diverses sensations que j'éprouve. D'abord un état de calme et de bonheur qui se sent mieux qu'il ne peut se rendre ; ensuite , un oubli total de toute affection étrangère à mon bienêtre ; troisièmement , un *rapport intime* avec vous ; mais si *intime* , que je ne le distingue pas plus particulièrement dans une partie de mon corps que dans une autre ; et en quatrième lieu, une *connoissance parfaite* de moi - même. A l'aide du *grec* ou du *latin*, vous pourriez composer un mot ; mais, m'ajoutoit-il, tous les mots possibles ne vous donneroient jamais qu'un bien foible aperçu de tout ce que j'éprouve. Il faut être dans l'état où je suis, pour savoir l'apprécier.

Des *somnambules* comme M. *de Pont-le-Roy* sont bien intéressans à rencontrer ; mais ils sont rares, et c'est à tort qu'on voudroit exiger de tous les malades des lumières et des réponses aussi satisfaisantes. C'est à la nature à nous manifester ses secrets, et notre devoir est de les observer avec circonspection, et de ne jamais chercher indiscrètement à les dévoiler. On court le risque, en voulant forcer les facultés d'un être *magnétique* peu intelligent, de détraquer sa tête, et de finir par le rendre *imbécille* ou fou pour le reste de ses jours.

(16, *page* 150.) M. Mesmer appelle *symptômes critiques*, les symptômes caractéristiques désignant un effort de la nature sur la cause du mal ; et *symptômes symptomatiques*, les symptômes accessoires ou trompeurs auxquels on ne doit point s'arrêter. L'action magnétique étant d'ajouter à l'effort de la nature, son effet sera donc toujours d'augmenter les symptômes critiques, et d'appaiser ou faire disparoître les symptômes symptomatiques ; d'où s'ensuit que toutes les crises produites par le magnétisme animal bien administré sont curatives.

(17, *page* 167.) Parmi quantité de *phénomènes* qui se présentent sans cesse à nous, et auxquels nous ne faisons pas une attention suffisante, j'ai eu lieu, par exemple, d'en observer un, déjà bien connu autant qu'il est commun, et dont, jusqu'ici, on ne s'est pas rendu raison d'une manière satisfaisante; je veux parler de cet attrait qu'ont en général tous les hommes pour le pays où ils ont pris naissance, et où surtout ils ont passé leur enfance. Les médecins ont appelé *nostalgie*, ce que tout le monde connoît sous le nom de *maladie du pays*. Un observateur impartial ne peut se tromper aux syptômes symptomatiques de cette maladie : gonflement *œdémateux* dans le bas ventre et dans les parties inférieures du corps, fièvre lente, serrement d'estomac continuel, et une tristesse que rien ne peut vaincre. Combien il y a de victimes de cette cruelle maladie, qu'aucun remède de la médecine ordinaire ne peut guérir! Est - ce à l'imagination affectée qu'il faut rapporter le principe d'un mal physique aussi dangereux? Et d'après cette supposition, est - ce aussi sur l'imagination seule du malade qu'il faut travailler pour empêcher sa mort inévitable? Cette question va, je crois, être résolue suffisamment par l'exemple suivant, et l'on en conclura, je pense, que si l'imagination d'un homme attaqué de la *maladie du pays* vient à s'affecter d'une manière si amère et si douloureuse, ce n'est que par une suite naturelle des maux physiques et véritables que tout son être éprouve loin d'un *aimant* impérieux, qui tend à l'attirer sans cesse vers lui.

Le nommé *Lecompte*, dit *Lavallée*, jeune homme

de vingt ans, fils du maître-d'hôtel de M. *le prince de Beauveau*, étoit, depuis deux ans, soldat dans le régiment de Foix. Des étourderies de jeunesse avoient plutôt déterminé son engagement, que sa vocation véritable. Il y avoit un mois environ que ce jeune homme avoit la fièvre, lorsque M. *Fribeau*, chirurgien-major de son régiment, l'amena chez moi pour être *magnétisé*. Mon valet de chambre, dès la première fois, le rendit *somnambule magnétique*, et dès lors il sut rendre compte de sa maladie, et donner les moyens de la guérir. Pendant plus de quinze jours, toutes ses *pressensations* s'accomplissoient à la lettre, et je m'attendois à voir cesser promptement son *somnambulisme* avec sa maladie, quand un jour nous le vîmes fondre en larmes dans l'*état magnétique*. Étonné de cette transition subite, *Ribault* lui en demanda la raison. « Hélas ! répondit-il en sanglotant, je fais tout ce que je puis pour guérir ; mais je vois aujourd'hui que cela est impossible. La fièvre ne me quittera plus désormais ; je ne pourrai plus rien *pressentir*, et vous ne pourrez m'empêcher de mourir ». Nous ne pûmes savoir de lui rien de plus détaillé ce jour-là. « C'est un malheur, répétoit-il souvent, auquel vous ne pouvez remédier ».

Le lendemain, je me mis en *rapport* avec lui, et enfin, tant dans cette séance que dans plusieurs autres, il m'apprit que le chagrin étoit la cause de sa maladie, que le seul moyen de le sauver étoit de le faire partir le plutôt possible pour retourner auprès de son père ; que la fièvre ne le quitteroit qu'à la porte de Paris. Il ajouta que le *magnétisme* le soutenoit un peu, diminuoit ses maux de tête ; mais que la fièvre et le dépérissement iroit toujours en augmentant ; qu'au bout de dix-huit à vingt jours, il ne seroit plus susceptible de tomber en *crise* ; qu'alors, n'ayant plus la force de se soutenir, il faudroit le porter à l'hôpital, où il finiroit ses jours après un mois de dépérissement continuel.

La confiance aux effets comme aux résultats du *magnétisme animal*, n'étoit point alors à *Strasbourg* aussi établie qu'elle y est aujourd'hui. D'après cela, on doit bien s'imaginer avec quelle froideur on reçut alors mes demandes, et avec quelle ironie l'on écouta mes plaintes. J'avois le cœur navré toutes les fois que je voyois le jeune *Lecompte* dans l'*état magnétique*, qui alors me répétoit le nombre de jours qu'il avoit encore à espérer de pouvoir guérir. Enfin, quoique plusieurs chirurgiens de l'hôpital militaire et autres eussent certifié l'état de danger dans lequel étoit mon malade, néanmoins il en étoit réduit à neuf jours d'espérance, que je n'avois pas encore celle de le voir partir pour Paris. Dans cette perplexité, j'avois pris le parti de faire venir un notaire pour recevoir sa déclaration dans l'*état magnétique*, et j'avois instruit tout le monde de cette démarche. J'allois faire cesser tous les soins que mes gens et moi rendions à ce jeune homme, quand on vint m'annoncer qu'il auroit la permission de partir. Il fallut attendre encore un jour jusqu'à la signature de son congé, et dès le même jour je le fis sortir à pied de *Strasbourg*, pour attendre la diligence à deux ou trois lieues de cette ville.

La lettre que *Lecompte* m'a écrite à son arrivée à

Paris, suffira mieux que mes réflexions pour classer les idées sur la nature de sa maladie. Si l'on fait attention au nombre de jours qu'il a mis à faire son voyage, on pourra juger de l'état de foiblesse et d'anéantissement dans lequel il étoit lorsqu'il obtint la permission de partir.

Paris, ce 7 septembre 1785.

« MONSIEUR,

» Je prends la liberté, etc. . . . . . . Ce qui m'a
» retardé dans mon voyage, je vais vous en faire le
» détail. Au sortir de *Strasbourg*, la joie et le conten-
» tement se sont si fort emparé de moi, qu'ils m'ont
» causé une grande foiblesse et un grand battement de
» cœur ; ce qui fait que je n'ai pu faire que deux lieues
» pour attraper le *coucher* avec grande peine. De là,
» j'ai pris la diligence, comme je le croyois, le di-
» manche ; cela m'a rendu encore bien plus mal, car
» j'ai été obligé de la laisser repartir le lendemain de
» son premier coucher, qui étoit à *Blamont*, et moi,
» de rester à l'auberge l'espace de quatre jours. Après
» ce temps, les forces m'ont repris. Je n'ai pas voulu
» prendre davantage de voiture, crainte d'éprouver
» le même désagrément. J'ai continué mon voyage
» jusqu'à Nancy : étant un peu fatigué, non faute de
» courage, mais par le désagrément que j'ai éprouvé
» de la voiture, j'y ai resté l'espace de trois jours.
» Étant un peu délassé, je me suis senti beaucoup
» de force, malgré que ma fièvre me tenoit tous les
» jours : je me suis remis en route de pied jusqu'à
» Paris, sans faire grande journée. En y entrant, il

» m'a pris un saisissement de joie qui m'a retourné tous
» les sens, et dès ce moment je me suis senti beau-
» coup plus de force, et un petit accès de fièvre qui
» m'a tenu très-peu de temps; et depuis ce jour, je suis
» encore en l'attendant. Je vous prie, etc..... ».

Le jeune *Lecompte*, que j'ai vu deux fois depuis
mon retour à Paris, m'a dit qu'il continuoit à se très-
bien porter. Comme il demeure à l'hôtel de M. *le
prince de Beauveau*, il est aisé de constater les faits
que je viens de rapporter.

(18, *page* 199.) *M. le comte Louis de Rieux*,
en indiquant, dans l'*état magnétique*, des numéros
pour la loterie, n'a fait, comme on a pu le remarquer,
que céder aux instances de M. son père; aucune notion particulière n'a décidé son choix : l'acte de complaisance qu'il a fait dans cette occasion, étoit aussi
simple que celui qu'il a répété dans son état naturel,
en indiquant cinq autres numéros différens des premiers. On pense bien que le tirage d'ensuite n'a réalisé
aucune de ses indications.

J'insiste sur ce fait avec d'autant plus de plaisir,
qu'il peut servir de preuve à ce que j'ai répété déjà
bien des fois, que, hors de la sphère des sensations
particulières des êtres *magnétiques* et de celles des
êtres avec lesquels ils sont en *rapport*, il n'y a aucun
fond à faire sur toutes les réponses que des questions
indiscrètes peuvent leur suggérer. J'ai eu des malades
qui, dans l'état de *somnambulisme magnétique*, étoient
assez mobiles pour répondre à ma simple *pensée* :
Victor, *Joly*, *Viélet*, *Catherine Vidron*, etc., étoient

de ce nombre. Si j'eusse voulu tromper quelqu'un par leur moyen, et renouveler les anciennes erreurs des oracles et des sibylles, rien ne m'auroit été plus facile : dès lors, sans leur parler, j'aurois pu dicter leurs réponses (avec une baguette à la main, si j'eusse voulu, pour mieux fixer ma volonté et me servir de conducteur) et les faire passer pour de nouveaux pythonistes, tandis que je n'aurois fait, dans tout cela, qu'un simple abus de ma puissance physique, pour forcer mes malades à un acte de complaisance auquel ils auroient d'autant moins résisté, qu'ils étoient plus simples et plus confians en moi.

C'est de cette manière que j'entends fort bien comment un magnétiseur fort enthousiaste a pu croire qu'un *somnambule magnétique* avoit vu des hommes et des vaisseaux dans la lune, tandis qu'il n'avoit vu que les folles idées que son magnétiseur avoit dans la tête.

La connoissance de nous-mêmes et l'étude de nos sensations, voilà à quoi peut nous mener la découverte du *somnambulisme magnétique*, et le but où nous devons tendre, après celui de soulager l'humanité souffrante. Cette tâche est difficile à remplir ; mais pour avoir des résultats certains, il faut, je le répète, que le premier désir du magnétiseur soit toujours de guérir son malade, et que la première connoissance d'un être magnétique soit celle de sa maladie, et des moyens à employer pour avancer sa guérison, dont, par suite, il doit connoître le terme. J'avoue que, sans cette première donnée, il m'est impossible d'ajouter aucune confiance à tous les dires des *somnambules magnétiques*.

(19, *page* 215.) L'effet salutaire d'un attouchement immédiat, quand la volonté est dirigée vers le
bien - être d'un malade, est si manifeste, que quantité de personnes, lorsqu'elles y réfléchiront, recon-
noîtront l'avoir procuré souvent sans réflexion. Combien de mères tendres ont machinalement sauvé la vie
à leurs enfans, en les serrant avec sensibilité contre
leur sein, dans des momens de souffrances imprévues !
Combien la présence d'une personne que l'on aime
apporte de calme et de douceur dans les maux qu'on
éprouve ! Je suis sûr que, science et expérience à part,
il ne peut être indifférent d'être soigné par un médecin
et une garde qui nous portent affection.

Plusieurs officiers de cavalerie m'ont conté un fait
qui m'a frappé, par l'analogie que j'y ai trouvée avec
toutes mes observations. Lorsque, dans un régiment,
on voit un cheval dépérir, sans cause apparente de
maladie, il est d'usage de le changer de cavalier. Tel
homme, par l'affection qu'il porte à son cheval, entretient en lui, par le pansement, l'embonpoint et la
santé ; tandis qu'entre les mains d'un autre, le même
cheval eût tombé dans la maigreur et le dépérissement.
Si ce fait est vrai, comme j'ai lieu de n'en pouvoir
douter, on en conclura nécessairement que l'affection
des êtres qui nous entourent habituellement, devient
aussi utile à notre santé qu'à notre bonheur.

POST-SCRIPTUM.

Depuis le 8 de décembre 1785, jour où *Dupré*
avoit quitté *Buzancy*, je n'avois pas reçu de
ses nouvelles. Ne pouvant me méfier de son
exactitude à venir me trouver, je n'avois fait
aucune démarche auprès de lui, et je l'attendois
avec confiance pour la fin du mois de février,
quand, le 12 du même mois, je reçus une lettre
de lui, par laquelle il me mandoit qu'il lui seroit
impossible de se rendre à *Paris* à l'époque que
je lui avois fixée. J'écrivis aussitôt au curé de
sa paroisse, au *Bolhard*, près de *Rouen*,
ainsi qu'à M. *le chevalier de Boniface*, dont
il se réclamoit, pour les engager, par les
raisons les plus fortes, à m'envoyer *Dupré*
le plutôt possible. Ces messieurs ont tellement
répondu à mes instances, que le lundi 20 février, *Dupré* est arrivé à *Paris*. Sur les premières questions que je lui ai faites sur sa
santé, il m'a répondu qu'il avoit beaucoup souffert depuis qu'il m'avoit quitté ; qu'il avoit eu
la fièvre le mois d'auparavant, dont à la suite
il lui étoit resté des ampoules sur tout le corps,
dont à peine il étoit guéri ; que sa peau s'étoit

renouvelée entièrement, et que du reste il étoit toujours dans le même état, c'est-à-dire, sujet à ses crises périodiques tous les trois jours à quatre heures du soir. Comme le lendemain mardi 21 étoit justement le jour de son accident, je remis à quatre heures du soir à prendre de lui-même, dans sa *crise magnétique*, des renseignemens plus certains.

Sa première réponse, sur l'état de sa santé, fut qu'il étoit bien malade et bien près de sa mort ; que j'allois, en le magnétisant, hâter en lui une crise définitive, dont il auroit de la peine à se tirer, mais qui termineroit sa maladie, s'il avoit la force de la vaincre. — Est-ce que vous ne croyez pas toujours, lui demandai-je, avoir la fièvre chaude le 4 mars ? — Non, me répondit-il, tout est dérangé. Et alors il me conta que, dans son voyage de *Buzancy* au *Bolhard*, il s'étoit arrêté à *Beauvais* ; que son accident lui avoit pris dans cette ville au milieu de la rue ; qu'alors on l'avoit beaucoup tourmenté pour le faire revenir à lui ; que n'y pouvant réussir, on l'avoit transporté à l'hôpital militaire, où on lui avoit fait avaler, par trois fois, des élixirs et des drogues contraires à son état ; que son estomac en avoit été brûlé, et que le dérangement de sa maladie, les souffrances qu'il avoit eues , et l'avancement de sa fièvre chaude , avoient été les suites de ce mauvais traitement. Je lui demandai alors de m'indiquer quelques moyens pour réparer le mal qu'on lui avoit fait. « Vous n'y pourrez parvenir entièrement , me répondit-il..... laissez-moi tranquille dans ce moment-ci. Je sortirai de crise tout seul comme à l'ordinaire : une demi-heure après mon réveil , il faut que vous me remettiez dans l'état où je suis , et je pourrai alors mieux voir ma situation , et vous dire ce qu'il faudra faire ».

Vers cinq heures et demie, je l'ai donc mis en crise , et j'ai su de lui que le lendemain il tomberoit quatre fois dans ses accidens ; qu'il s'y joindroit des convulsions ; que je ne devois le magnétiser qu'au quatrième accès ; qu'ensuite il en auroit un cinquième le jeudi matin , pendant lequel il n'auroit pas besoin de mes soins ; qu'à midi , le même jour , je le magnétiserois pour la dernière fois , sans pouvoir parvenir à le faire tomber en crise , et qu'alors il seroit aussi bien rétabli qu'il étoit possible. Je lui demandai s'il n'y auroit pas moyen de guérir entièrement son estomac. « Non, me répondit-il, j'en souffrirai le reste de mes jours ; le traitement qu'on m'a fait à *Beauvais* me l'a brûlé,

et aucun remède ne peut me soulager ». Il
m'ajouta que sa vie ne seroit pas bien longue,
et il m'en désigna le terme, ainsi que la révolution qui l'annonceroit.

Le lendemain jeudi, j'exécutai ponctuelle-
ment ses indications, et je ne pus le faire entrer
dans l'*état magnétique :* l'effet qu'il ressentit
fut passager. Au bout d'une demi - heure,
n'éprouvant plus rien, je le laissai tranquille.
Depuis lors, il est resté une huitaine de jours à
Paris, sans éprouver aucun accident, seulement des douleurs d'estomac passagères, et il
est reparti pour son pays, où peut-être la tranquillité dont il va jouir, démentira les pronostics
fâcheux qu'il ignore avoir portés sur son état.

Volonté active vers le bien,
Croyance ferme en sa puissance,
Confiance entière en l'employant.

FIN.

9 782329 257303